基督教教义问答助读

尔温.柯德 著

I0088944

姓名 _____

住址 _____

城市 _____ 州名 _____ 邮政区号 _____

所属教会 _____

本书译自 Catechetical Helps 修订本

出版者：Concordia Publishing House

协同出版社

一九六一年

一九七零年

版权所有

地址

3558 S. Jefferson Ave., St. Louis, MO. 63118

美国密苏里州圣路易市杰佛逊南大道 3558 号邮政区号 63118

本书的出版，承蒙 Lutheran Brotherhood Foundation
基金的支助，谨此致谢

12345678910　　080706050403020100

教义问答

圣经是基督徒生活和知识的一切来源。本册课程是以圣经为根据的。

圣经是一本巨著，是 66 卷书的全集。在这里我们不能详读研究所有的经卷，只能查考其中主要的教导。因此我们主要是来研读"教义问答"，它涵盖了基督教教义的首要部份。

"教义问答"为路德所著。他为甚麼写这本书呢？路德在访察教会时，发现许多信徒对基督教义一无所知。甚至很多牧师对圣经也不甚了解，实难胜任教导的职责。然而大家都自认是基督徒并且参与主的圣餐。

有鉴於此，路德在 1529 年写了"教义小问答"，来帮助人们学习基督教义中的要道。它叫做"小问答"，因为路德也写了一本"大问答"。它们被称为"问答"，因为这是以问答方式写成的一本指导书。

马丁路德 博士
1483 年 11 月 10 日生
1546 年 2 月 18 日亡

六个要道

路德的教义问答的第一段落涵盖了六个要道：

要道一　十诫
要道二　使徒信经
要道三　主祷文
要道四　圣洗礼
要道五　钥匙职和认罪
道要六　圣餐礼

这些主要的基督教义都是取自圣经。下面的简图可以帮助你了解这六个要道的彼此关系。

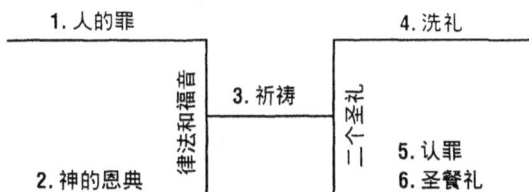

```
1. 人的罪                          4. 洗礼
                  律        二
                  法   3.祈祷  圣
                  和        礼   5. 认罪
                  福             6. 圣餐礼
2. 神的恩典       音
```

圣经

圣经一词，原文就是"书"的意思。圣经，是"书中之书"，它是上帝的话语。是他给人类最终的启示，也是最高的法庭。

圣经分二部分

圣经有二部分：旧约和新约（O.T. 和 N.T.），以基督为分界。世界历史记事所采用的公元制也是以基督出生为分界：

"B.C." 取 Before Christ 的前两个字母合成的，就是指基督降世之前。

"A.D." 拉丁文(Anno Domini)的简写，意思是"主历"，就是基督降世后的年份。

	✚	
旧约 O.T.	新约 N.T.	
(B.C.)	(A.D.)	

Old（旧） Testatment（约）
有 3 个字母 和 9 个字母 ......39 卷
New（新） Testament（约）
有 3 个字母 乘 9 个字母 ......27 卷

共有   66 卷

5	律法		福音	4
12	历史		历史	1
5	智慧		保罗书信	13
5	大先知		普通书信	8
12	小先知		预言书	1

旧约指向基督
新约以基督为起点

有关圣经的一些事实

旧约(O.T.) ✚ 新约(N.T.)

至今圣经被翻译成 2,000 种以上的语言和方言

	旧约	新约
语言	希伯来文	希腊文
时间	1500 年	100 年
作者	摩西和众先知	福音书作者和使徒
卷数	39	27
年代	公元前(B.C.)	公元後(A.D.)

1 3 6 经

16 个世纪
36 位作者
66 卷

字句的默示

圣灵，将思想和字句吹进圣经作者的心里，默示他们写出来。（"默示"在原文有"吹气"的意思。）

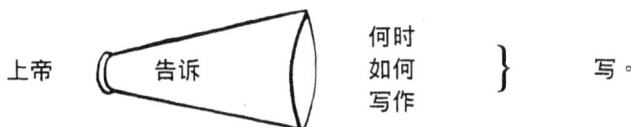

上帝 — 告诉 — 何时 / 如何 / 写作 } 写。

三个对 "默示" 解喻的不全然例子：

(1) 圣经是上帝的录音带，圣经的作者是上帝的扩音器。

(2) 圣灵向作者吹气，使他们受感发言；有如一位音乐家向著一支笛或一个喇叭吹气而发出乐韵

(3) 一位秘书为口述做笔录。是谁给她思想和话语呢？是谁在她打出来的文件上签名呢？

因为 "圣经都是上帝所默示的"，所以圣经是上帝的话语，是真理，清楚和完全无瑕疵的。

圣经的目的

圣经的目的是要我们成为基督徒。圣经好比是路标，指出到天堂的道路。而那唯一的道路就是基督。

你在公路上看过路牌写著"此路通往纽约"。

假设你看见有一个人坐在那个牌上，你问他说：「你坐在那路牌上做甚麽呢？」如果他回答说：「我要往纽约去。你没有看见这路牌写著"此路通往纽约吗？"」你会对他有甚麽看法呢？

他这样坐在路牌上一辈子，会有一天到纽约吗？不，他一定要走在往纽约的那一条路上，才会到达纽约。

同样，有些人就好像上述的那个人，"坐"在圣经上一辈子，以为这样有一天就可以到达天堂了。

然而圣经是那唯一通往天堂之路的路标。基督才是唯一的道路。

如何使用圣经

我们不应该将圣经当作：

(1) 一个保险箱，用以存放纸币，花或纪念品。
(2) 仅仅是桌上的摆设。
(3) 一个具有魔力的东西，能带给全家好运。

但是我们应该：

(1) 读圣经。
(2) 学习圣经。
(3) 听人讲解圣经。
(4) 相信圣经。
(5) 在生活上遵行圣经。

律法和福音

两个主要教义

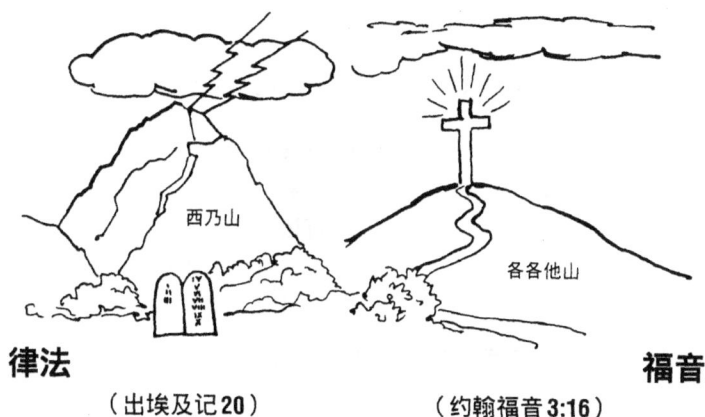

西乃山

各各他山

律法

（出埃及记20）

福音

（约翰福音3:16）

在圣经中有两个教义明显突出有如两个山峰。
这两个教义就是律法和福音。

律法和福音的区别

（记忆辅助）

律法

论及我们要做的事
定我们的罪
传给冥顽不悔改的人
指引悔改认罪的信徒

福音

论及上帝成就的事
拯救我们
传给忧伤的罪人
创造一个活的信心

旧约　　新约

律法

福音

预言　　应验

律法　　　　　　　　　　的罪

显出　我们

福音　　　　　　　　　　的救主

以一句话说明福音

上帝爱世人，
甚至将他的独生子赐给他们，
叫一切信他的，
不至灭亡，
反得永生。 （约3:16）

福音的涵义

古老英文中"福音"意指：　好言
　　　　　　　　　　　好语
　　　　　　　　　　　好消息　　　　耶稣
　　　　　　　　　　　好音信　　　　是我
　　　　　　　　　　　　　　　　　　的救主

圣诗：路德教会的赞美诗，亦称"颂主圣诗" 262, 294, 288.
285, 291, 286 。

神为其民坚固城墙，永不动摇之保障，
我们若遇困苦忧伤，主必拯救免危亡。
古老凶猛仇敌，攻击不留馀地，
用他权能诡计，作为可怕器，世界无能与他比。
啊，神子道成肉身，智慧神子天降，
啊，永恒真理永不变，真光照亮黑暗天。
我们颂唱你光耀，何其圣洁、高妙。
今成我们脚前灯，世世代代明亮。

祈祷：

全能永在的天父上帝，你的话是我们脚前的灯，路上的光。求你开我
们的心窍，照亮我们的心田，好让我们能够完全，清楚而真诚地明白你的
话语，也让我们能活出你的教训，免得我们冒犯你的荣威。奉圣子耶稣基
督我们的主名祈求。阿们。

读经

经文重点

彼得後书 1:16-21 ....
耶利米书 1:1-10 ....
以西结书 2:1-5 ....
约翰福音 5:36-47 ....
罗马书 3:19-28 ....
启示录 22:12-21 ....
申命记 6:1-15 ....

教义问答复习

教义问答

(1) 那一本书是一切基督教教义的来源？　圣经。
(2) 何谓教义？　教义就是教导。
(3) 那一本小册子有基督教教义的主要部分？　路德著的"小问答"。
(4) 教义小问答是谁写的？　马丁路德博士。
(5) 他何时写成此书？　於 1529 年。
(6) 他为什么要写此书？　因为人们对圣经不甚了解。
(7) 为什么称它为小问答？　因为路德另外写了一本大问答。
(8) 为什么称它为教义问答呢？　因为它是以问答方式写成的一本指导书。
(9) 基督教教义的六大要道是什么？

I	十诫
II	使徒信经
III	主祷文
IV	圣洗礼
V	钥匙职及认罪
VI	圣餐礼

关於圣经

(1) 那一本书向我们表明救恩之道？　圣经。
(2) 圣经一词原文是什么意思？　书。
(3) 为什么圣经是最好的书？　因为它是神的话语。
(4) 圣经分那两部份？　旧约和新约。
(5) 约是什么意思？　盟约合同
(6) 旧约有几卷？　39。
(7) 新约有几卷？　27。
(8) 圣经共有几卷？　66。
(9) 圣经是在何时期写的？　从公元前 1500 年到公元後 100 年。
(10)谁写旧约？　摩西和先知。
(11)谁写新约？　福音书的作者和使徒。
(12)旧约原文是用何种语言写成的？　希伯来文。
(13)新约原文是用何种语言写成的？　希腊文。
(14)虽然圣经为人所作，圣经是谁的话语？　圣经是上帝的话语。[2] [4]
(15)这样说是如何解释呢？
　　是因为"上帝的圣仆受圣灵的默示而发言"[1]。圣灵向圣经作者吹气默示，不
　　单感动他们的思想，也还默授他们写出来的字句。[1] [3]
(16)圣经中多少部分为上帝所默示的？　圣经全部都是上帝所默示的。[2]

(17) 圣经的目的是什么？　向我们表明在耶稣基督里的救恩之道。
(18) 我们应该如何使用圣经？　我们应该读经，研经，听道，信道和行道。4)5)

律法和福音

(1) 圣经教义的两大部分是什么？　律法和福音。
(2) 什么是律法？　律法是上帝的圣洁的旨意。
(3) 上帝藉著律法要向我们说什么？　上帝用律法告诉我们应该如何行。那些是我们应该做的，和那些是我们不可以做的事。6)
(4) 什么是福音？　福音就是述说"耶稣是救主"的好消息。
(5) 律法和福音有什么不同？　律法显出我们的罪，福音显明我们的救主。
(6) 那一节经文可以说是"一句话总括了福音？"　（约3:16）：上帝爱世人，甚至将他的独生子赐给他们，叫一切信他的，不至灭亡，反得永生。7)

引证经文

1) 人被圣灵感动说出上帝的话来。　彼後 1:21
2) 圣经都是上帝所默示的。　提後 3:16
3) 我们讲说这些事，不是用人智慧所指教的言语，乃是用圣灵所指教的言语。林前 2:13
4) 听上帝的道而遵守人有福了。　路 11:28
5) 人若爱我，就必遵守我的道。　约 14:23
6) 你们要圣洁，因为我耶和华你们的上帝是圣洁的。　利 19:2（律法）
7) 上帝爱世人，甚至将他的独生子赐给他们，叫一切信他的不至灭亡，反得永生。　约 3:16（福音）

习　作

I　熟读本课的教义问答复习。

II　熟记并学习应用所有引证经文，或下列 ......

III　教义问答：第 1 ～ 2 条诫命（第 1 ～ 3 条诫命）

　　注：这里提供了二个选择，括孤内的习题要求将六个要道全部熟记，所以比较周全。

IV　圣经书卷 － 五卷律法书名。

圣经的书卷

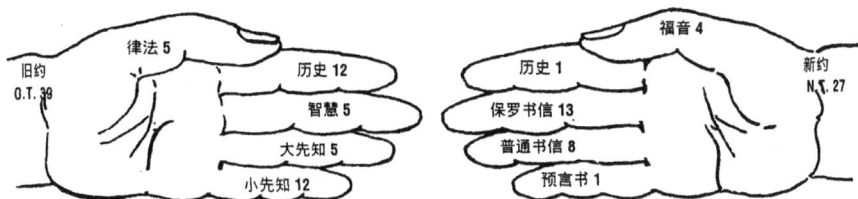

```
旧约          律法 5        历史 12          福音 4
O.T. 39                    智慧 5      历史 1              新约
                          大先知 5    保罗书信 13          N.T. 27
                          小先知 12   普通书信 8
                                     预言书 1
```

旧　约

5本律法书	5本智慧书	12本小先知书
创世记	约伯记	何西阿书
出埃及记	诗篇	约珥书
利未记	箴言	阿摩司书
民数记	传道书	俄巴底亚书
申命记	雅歌	约拿书

12本历史书	5本大先知书	弥迦书
约书亚记	以赛亚书	那鸿书
士师记	耶利米书	哈巴谷书
路得记	耶利米哀歌	西番雅书
撒母耳记上下	以西结书	哈该书
列王纪上下	但以理书	撒迦利亚书
历代志上下		玛拉基书
以斯拉记		
尼希米记		
以斯帖记		

新　约

基督生平	13本保罗书信	8本普通书信
马太福音	罗马书	希伯来书
马可福音	哥林多前後书	雅各书
路加福音	加拉太书	彼得前後
约翰福音	以弗所书	约翰一、二、三书

1本历史书	腓立比书	犹大书
使徒行传	歌罗西书	
	帖撒罗尼迦前後书	1本预言书
	提摩太前後书	启示录
	提多书	
	腓利门书	

基督徒生活管理规范

以下的图表和说明可和十诫中的第一、三、五、七条诫，也可和使徒信经第二段一齐并用。

依照第一条诫，我们应该万事以上帝为先，基督为首。

依照第三条诫，我们应该利用我们的时间和才能使上帝得著荣耀。

依照第五条诫，我们应该用捐献和自发的服务来支持慈善机构并顾及那些贫乏无助的人的一切需要。

依照第七条诫，我们要献上一切所有荣耀主名，并拨出一部分资源，

分别为圣，专为神用，或许是十一奉献，历史上的前例。"人岂可夺取上帝之物呢？"（玛 3:8）

依照使徒信经第二段的解释，我们是从罪里被拯救出来为上帝所用。"基督……已经救赎了我……好叫我能事奉她……"这就是我们在时间、才干、物质和金钱上的管理原则。我们得救不是因为我们做了善工，但行善却是我们得救之后的目标。一个基督徒的生活规范就是降服在十字架底下舍己的生活。

基督徒的生活就是在生活上事奉神，包括忠实地参加主日崇拜、守圣餐、读圣经和祈祷，也藉著我们生命去事奉祂，透过个人所作的见证，热心於教会和慈善机构的工作，用金钱支持所属教会，以致区会和总会。

基督徒生活管理规范肯定不限於捐些金钱就算了事。好像金钱的标示 S-$，有一条垂直的线从中穿过，其实它顾及基督徒生活的全面性，也涵盖了整个圣洁生活的追求。从十字架为起始，藉著福音的滋养在心中成长，动机永远是上帝在基督里对我们的爱，我们对祂的爱，以及对祂用宝血所赎回来的灵魂的深切关怀。

动机
你为我舍命

我给了你甚麽？

我们向人呼吁支持主耶稣的工作的动机，必须是一个基於主的福音的动机。

崇拜
祷告
施舍
见证

如果我们愿意用我们被分别为圣的意志去符合祂的要求，祂必定会祝福我们，时刻准备敞开祂应许的闸门，将祂的祝福倾流到我们的生命中。

崇　拜

耶稣并没有说：「一切的人都有福了。」然而，祂说：「听上帝的话而遵从的人有福了。」所以如果我们按时崇拜聚会，时常领受神所赐福的圣餐必会蒙神的祝福

祈　祷

同样地，祈祷也是如此，在"祈求"的情况下，随著而来的应许是"就给你们。"（马太 7:7）

"在患难之日要求告我。"这是情况。"我必搭救你。"这是应许。（诗 50:15）

上帝

施 舍

如果我们要去受上帝所应许的"就必给你们的，并且用十足的升斗，连摇带按，上尖下流的倒在你的怀里，"那麼"你们要给人"是免不了的先决条件。（路6:38）

给多少才适当呢？新约圣经里并没有规定一个固定的比率。林前16:2给我们一个原则"神怎样使你兴旺，你也当照自己的收入抽出来作捐舍。"上帝不单看你给了多少，也看你从多少取出来给。

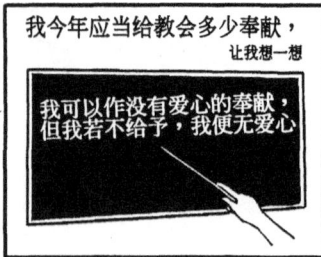

如果你想要一个建议 — 只不外是一个建议 — 我们建议你可从旧有的比率十一奉献开始。你还要甘心乐意的给，出於对救主的爱，也按著你从她得的祝福的多少而给。十一奉献就是拨出十分之一的收入作奉献，用来支持教会和慈善事工。

见 证

上帝有很多哑吧儿女，从来没有为耶稣作过见证。难怪他们面上发不出光彩。反过来说，"那使多人归父的，必发光如星，直到永永远远。"（但12:3）上帝时刻都准备要赐福给我们，但我们首先要满足祂的条件：

崇拜
祈祷
施舍
见证

第一课
律　法

上帝说：「照著我
　　　的旨意行」

律法告诉我们 ┃ **不得犯罪**
　　　　　　 ┃ **违者处罚**

律法被颁布二次

神的旨意

神的旨意

爱

上帝　　　人

　　　律法最先是刻在人的心上，换句话说，人心里自己明白对与错的分别。就算是今日，各人的内心仍存有律法本能的知觉（罗 2:14,15）

　　　但是由於罪，律法已变成模糊不清了。虽然我们凭本性仍知道某些行为是错的，例如杀人和抢势。但我们的本性已不再认清楚认为有杀人和偷盗的意念是错误的。我们的知识并不完全，我们看事物也彷佛是透过覆有冰霜的玻璃一般。

　　　所以为了清楚显明祂的旨意，约在公元前 1500 年，上帝藉摩西将律法第二次颁布下来，写在两块石板上。

　　　因此十诫成为人类社会最好的律法的基础。一九一八年四月九日，在匹兹堡的一个司法中揭开了一个刻著所有公义律法基本原则的铜板，你猜刻在这铜板上的是甚麼吗？十诫！

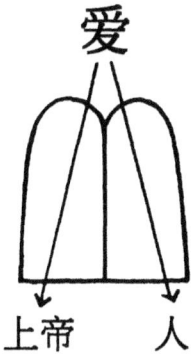

律法要求的是爱 ⟨ 对上帝
　　　　　　　　　　　 对人

第一条诫命

除了我以外，你不可有别的神。
我们应该敬畏，亲爱和倚赖上帝过於万物。
这是诫命中最重要的一条；所以被列在最前面。
因为敬畏，亲爱上帝之後，其他诫命跟著就必定实现了。

提防假神

只有一个真神，就是三位一体的上帝。除祂以外，别无他神。但是人为自己"造了"别的神，而这些人所造的神是偶像，是仿造的。现在真神说：「你们要防备假神，只可以敬拜我。」人不能在我以外造出别的神来取代我。

有关上帝的教义

天地间有一位神

每人都相信在万有中有一位至高者的存在。对一个人说，这位至高者就是神。有些人相信自然，也有人相信律法、机遇、命运，存在的理念，"上面的当家"，宇宙原理，阿拉，宇宙的大建筑师，伟大的设计者，那位以高尚思想的喜乐惊动我们的存在者等等。主张无神论的人是情感多於理智。

自然界如此说

太阳和它的九大行星是从哪里来的呢？无限太空中的众星宿又从哪里来的呢？我们是否要把万物的存在推源至火云和星尘呢？是否观察目前的"星云"就可以得著解释宇宙成形的例子呢？圣经简单了断地说：「神起初 ......」
有被造物就必须先有一个创造者。有时钟就先有造时钟的匠师。有船就先有造船者。有房屋因为有建筑师和木匠。"每间房屋都是由一些人建造的。但建造宇宙万物的祂乃是上帝。"（来 3:4）

人类如此说

相信上帝的存在是人类直觉知识的部份。而直觉是人类的基本思想。一个人若没有直觉，一定会被认为脑子有问题。用直觉而知的真理包括物质能量的存在，心、空间、无限、时间、永恒、美、真、因、果和数字。也包括数学的定理、道德伦理善恶，不会忘记，并且相信有位至高者。蒲鲁塔克曾写说：「你或许会看到某些国家民族没有国界，没有律法，没有钱币，或没有文字；但是没有对神的信仰，没有祈祷，没有宗教仪式和祭祀，这样的一个民族在地上是找不到的。」西塞罗也说：「要找一个国家或民族野蛮未开化到达对神明的的一些概念也没有的是不可能的。」

全人类有可能都错了吗？

良知如此说

我们的良心与一位更高者"共同知道"某些行为是错且要受惩罚的，这种因果报应的忧虑从何而来呢？这种不可言喻的恐惧感从何而来呢？或出於自愿，或是情不由己，人默认有一位神圣的审判者存在。良知是人内心的审判者。（罗 2:14,15）

圣经如此说

大体上来说，上帝藉著两种书把自己彰显出来：大自然的书和启示的书。

大自然告诉我们	圣经告诉我们
(1) 上帝是自有永有	(1) 谁是这位真神
(2) 我们的罪	(2) 我们的救赎
(3) 上帝的公义和审判	(3) 上帝在基督里的爱

用自然和本性知识来认识上帝，就好比在一个地穴中用手电筒来看景物，以超自然或启示的方法来认识上帝，就好比用一个强力探照灯来看景物一样。

上帝是什么？

"神是一个灵"，就是说神是一个不带血肉形体的存有者（约 4:24）

你不能描绘或画出上帝来，有时我们看到上帝被画成一个老人有著长长飘逸的胡子 — 古之老者 — 但这只不过是艺术家的一个构思而已。

空气、以太、或气体都不是一个灵，因为它们都不是有生命感情的存有物。天使是灵。灵界中上帝最高，因为上帝不是被造的。

灵的解例：如果我能用一种神秘的粉洒在你身上，使你肉身消失，但"你"还在，然后我向空中喊说：「哈利，你在那里吗？」「在」，「你知道你是谁吗？」「知道」。「你知道坐在你旁边的是谁吗？」「你对邻座有任何意见吗？你能看、听、推理、做决定吗？」你还是说「可以」。但是当我说：「我看不见你，我也摸不著你。」你会回答说：「当然，因为我是一个灵，一个活的，自存的，有位格的，有感觉智慧，感情和意志。」

所以上帝不单是一个原则，一个概念，一条律法，或自然，而是一个具有位格，能说 "我－你－他" 的存在者，祂能自觉，能够爱美善，恨邪恶，能看见我们，听到我们祈祷，决定是否要垂听我们的呼求。

上帝的属性

（属性就是描写一个人或物所能说的任何性格。）

永在 － 善始善终，像一只戒指或圈圈，上帝是无时不存在的，祂也一直持续存於永恒中。

永恒有多长呢？传说有一只小鸟，每隔一千年来到一个花岗岩山上敲三下再飞走，这样一直等到这小鸟把整个花岗岩大山都啄光了，永恒才过了一秒钟。

不改变 － 永远一样。

全在 － 遍布整个空间，上帝能同时无所不在。有如万有引力，电磁放射线或宇宙线。

全能 － 无所不能。神创天地，也保护著它。祂能使死人复活，使海分开形成墙垣，赐永生。

全知 － 无所不知。祂有完全的知识和智慧。祂知道我们的一举一动，祂从远处就知道我们的心思意念。想起来何等安慰，也何等可畏。

圣洁 － 无罪。"没有任何污点或绉纹，或瑕疵。"

公义 － 公平。祂赏赐给公义的，也惩罚作恶的。

信实 － 祂信守诺言。

仁慈 － 良善慈爱。

怜悯 － 显出坚定的爱，友善的同情，张开欢迎的双手。

恩慈 － 我们虽然不配，祂仍施恩惠，宽恕我们。

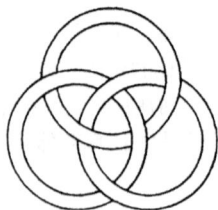

三位一体上帝
是
唯一的真神

三而一   **一而三**

　　只有一位真神。但在这合一的圣体中却有三位不同的位格：圣父、圣子、圣灵。
圣父是上帝，圣子是上帝，圣灵也是上帝。但不是有三位上帝，而是一位。
圣父是永存的，圣子是永存的，圣灵也是永存的。但这不表示有三个永存的，永存
的，只有一位。

　　圣父是自有非受造的，圣子是自有非受造的，圣灵也是自有非受造的。但不是
有三个自有的，乃是只有一位。（比较亚他那修信经。）
不是每位只是三分之一的上帝，三位加起来才是完全的上帝，而是每一位都是完全
的上帝。

　　也不是祂们每一位只彰显神的不同层面部分（如形态论所说），而是每一位都
是一完全的位格。

　　在自然界，或用推理，可以说是找不到一件事物可与三位一体相提并论的。

　　这就是三位一体的三而一，又一而三的伟大奥秘。

一些不全的"三位一体"引喻的例子：

(1) "上帝"这词的英文字是由三字母合并成一字，例如 G-O-D。

(2) 一棵树有根，用以吸取营养和水份，有树干用作输送，也有树叶，藉著阳光制造
食物。根、干和叶是一棵树的三个不同部分，也有不同的功能，但是却合而成为
一棵树。

(3) 圣派屈克的例子：酢浆草。

(4) 汉斯作揭底的例子：「雪、水和冰，它们不是不同吗？只要你想试一下"跳冰"
或"溜冰"就可以明白冰和水的分别了。但是如果将此三物盛在一容器内放在火
上加热，又会发现它们实在是同一物也。

(5) 电既是光，热，也是能量，全合一体。

(6) 当光经过三棱镜或一滴露水，折射后形成不同的色彩。光只有一个颜色吗？看
起来是白色，其实包括了彩虹中的各种色彩。换句话说，拿一块图板在不同的分
隔上把这些色彩涂上，然后将图板迅速转动，你将会看见一块白色的圆板。

(7) 一个等边三角形，三个角和三条边都相等，但却是不同的角和边。

(8) **1 X 1 X 1 = 1**

注：凡相信三位一体真神的就是基督徒，那些不相信神是三位一体的就不是基督徒。

上帝禁止

原始和改装的偶像崇拜

原始的偶像崇拜就是将被造物当作神敬拜，或相信任何其他的神，而非三位一体的上帝。

曾经有一位鞋匠被问说：「你生命中的优先顺序是甚麽？
他回答说：「请看挂在墙上的牌子。」

> 上帝为首位
> 家庭为其次
> 生意为第三

改装的偶像崇拜就是在你生命中将某些事物放在第一位，而将上帝放在次要的地位。可以说当我们敬畏，亲爱或信赖自己或世上任何事物甚於上帝时，我们是在实行改装的偶像崇拜。

敬畏：
(1) 彼得怕人过於怕神，结果三次不认主。
(2) 希律王也是一样，请参考太 14:3-12 讲述他的故事。
(3) 当我们怕人笑而宁愿犯罪。

亲爱：
(1) 有钱的少年官爱金钱过於爱基督。
(2) 如果我们对教会及传福音的事工吝啬不解钱囊，如果我们对打高尔夫球、棒球、钓鱼或读周末报章和上餐馆比做礼拜更喜爱。
(3) 如果我们爱我们的孩子过於爱上帝 — 如祭司以利（撒上 2:23），如果一个女孩子为妈妈的缘故偷了东西，她就是爱她的母亲过於爱上帝的诫命。

信赖：
(1) 歌利亚信赖他手中的武器。
(2) 如果我们信赖宪法制定的社会福利能在我们生病时帮助我们，或依靠我们银行的存款（我们相信"此"神），依靠我们的行为或过去良好生活纪录，或其他迷信，例如：敲、风水、蟾蜍、护身符、幸运草、艾草避邪、孔庙智慧毛等。

完全的诫命

(1) 认识上帝
(2) 承认并接受祂
(3) 唯独敬畏，亲爱并信赖祂。

敬畏 — 我们应该惧怕因犯罪而不为神所悦纳。约瑟，但以理和他的炉中三友可以作榜样。"敬畏上帝，就是恨恶罪恶。"箴言 8:13

亲爱 — 我们应该敬爱上帝，因为祂是我们最高的美善。爱祂的话语，祂的道路和祂的事工。我们应该时刻思念神，多过於想念其他任何人或事。参看亚伯拉罕生平，创 22。

信赖 — 我们应该信靠祂，从祂得著帮助。

有一个小孩走过一条黑暗的隧道，并不惧怕，因为他是握著他父亲的手，这就是信赖。

曾经有一艘轮船，在海上航行，遇上了大风浪，全船的人都甚惧怕，船长的儿子除外。有人问那儿子为甚麼不怕时，他说：「因为有我的父亲在把舵。」

约伯— "虽然祂杀我，我仍信靠祂，因为祂是神。"大卫出战巨人的时候，他是完全的信靠神。撒上 17 章

诗歌：246, 287, 123, 244, 239, 495。

圣哉，圣哉，圣哉，全能主上帝
清晨我要赞颂主，以此善歌为祭
圣哉，圣哉，圣哉，大慈悲，大权能
万福之主宰，三而一上帝。 246.1

祈祷：

我的神圣父我的创造主啊，我信靠你。
我的神圣子我的救主啊，我信靠你。
我的神圣灵我的帮助啊，我信靠你。
愿颂赞荣耀都归於你，三位一体的真神，阿们。

读经	经文重点
出 20:1-17	
太 22:34-40	
太 3:13-17	
诗 19	
太 19:16-22	
但 3	
创 22:1-14	

教义问答复习

律 法

(1) 律法是什么？　律法就是神的圣洁的旨意。

(2) 上帝藉著律法向我们说什么？　上帝藉著律法告诉我们应该如何行，那些是该做的，那些是不该做的。[1] [2]

(3) 哪里可以找到律法总纲的概要？　十诫。

(4) 律法被颁布几次？　两次。

(5) 何时颁布第一次律法？　当上帝创造宇宙万物的时候，祂将律法写在人的心里。

(6) 此说如何解释呢？　就是说照著良心本性，人可以分辨对错。

(7) 为什么需要第二次颁布律法呢？　因为人犯了罪，对律法的认知就开始模糊了。

(8) 上帝藉著谁将律法第二次颁布下来？　藉著摩西，约在公元前 1500 年神在西乃山上将律法第二次颁布下来。

(9) 第一块法板的总纲要求是什么？　爱神。[1]

(10) 第二块法板的总纲要求是什么？　爱人。[2]

(11) 一言以蔽之，所有律法的总纲要求是什么？　爱。[3]

(12) 谁需要遵守诫命呢？　每一个人。[1] [2]

上帝和祂的属性

(1) 我们怎样知道有一位神呢？　从大自然、良心、和圣经。

(2) 为什么我们看不见上帝？　因为上帝是一个灵。

(3) 灵是什么？　灵是一个没有血肉却有位格属性的存在者。

(4) 上帝有多老？　上帝是永恒的，无始亦无终。

(5) 上帝有多强壮？　上帝是无事不可以做的神（全能）。[5]

(6) 上帝知道的有多少？　上帝无所不知，也知我们所想所说的（全知）。[6]

(7) 上帝在那里？　上帝无所不在，祂在天堂、在地上、在这房间内，也在我所在的任何地方（全在）。

(8) 为什么上帝不会做错事？　因为上帝是完全圣洁的。[7]

(9) 为什么上帝是永远可靠的？　祂是永远信实的，也必遵守祂的诺言。

(10) 为什么我们要敬畏、亲爱和信赖上帝过于一切万物呢？　祂是我们的最好朋友。[8]

三位一体真神

(1) 谁是那唯一的真神？　独一的真神就是那三位一体的上帝。

(2) 三位一体是甚麽意思呢？　三位一体就是三位格合一的圣神，独一圣神又存于三个位格之中。

(3) 那有多少个神呢？　只有一个。[9] [10]

(4) 在这个圣体中有几个不同的位格？　三个，就是圣父、圣子、圣灵。[11]

(5) 三位中谁是最伟大的呢？　没有最伟大的，他们都有同样的大能和大爱。

(6) 我们可以真了解这样的一而三、三而一的三位一体大奥秘吗？　不能，但我们如此相信，因为圣经是这样教导。

第一诚命

(1) 在第一诚命里，三位一体的真神的命令是什么？　"除了我以外，你不可有别的神。" 12)

(2) 如果一个人崇拜其他的神，他犯了何罪呢？　拜偶像的罪。

(3) 有哪二种不同的偶像崇拜？　有原始和改装的二种偶像崇拜。

(4) 我们何时会犯原始的偶像崇拜？　当我们将被造物当作神崇拜，或当我们敬拜的神不是那三位一体的真神。

(5) 我们何时会犯改装的偶像崇拜？　当我们爱自己或别人或事物过于爱上帝的时候。

(6) 如果有人不承认基督是上帝，他们犯了何罪？　他们犯了拜偶像的罪。 13)

(7) 在每一条诚命中，神命令我们做甚麼？　要我们敬畏、亲爱和信赖祂。

(8) "敬畏"上帝是什么意思？　就是我们对祂如此的尊敬，所以要时时不断的遵行祂的旨意。

(9) "爱"上帝是什么意思？　就是将上帝放在我们的生命中的第一位；将我们的全心都归向祂。

(10) "信赖"上帝又是什么意思？　就是凡事依靠祂的帮助和指引。

(11) 为什么如果我们可以成功地履行第一条诚命对遵守其他九条诚命也就没有问题呢？　因为敬畏和亲爱上帝之后，其他九条诚命跟著也就必定实现了。

引证经文

1) 你要尽心、尽性、尽意爱主你的上帝　（太 22:37）

2) 你要爱人如己　（太 22:39）

3) 爱就完全了律法　（罗 13:10）

4) 惟有你永不改变，你的年数，没有穷尽　（诗 102:27）

5) 上帝是无所不能的　（路 1:37）

6) 主啊，你是无所不知的　（约 21:17）

7) 圣哉，圣哉，圣哉，万军之耶和华，他的荣光充满全地　（赛 6:3）

8) 上帝就是爱　（约壹 4:8）

9) 以色列啊，你要听，耶和华我们的上帝是独一的主　（申 6:4）

10) 神只有一位，再没有别的神　（林前 8:4）

11) 所以你们要去使万民作我的门徒，奉父子圣灵的名，给他们施洗　（太 28:19）

12) 当拜主你的上帝，单要事奉祂　（太 4:10）

13) 叫人都尊敬子如同尊敬父一样，不尊敬子的，就是不尊敬差子来的父　（约 5:23）

习　作

I　熟读本课的教义问答复习。

II　熟记和学习应用所有引证经文，或以下数节：No. ....。

III　教义问答 — 第 3～4 条诚命（第 4～6 条诚命）。

IV　圣经这些书卷 — 12 卷历史书名。

第二条诫命

不可妄称你主上帝的名。

我们应该敬畏和亲爱上帝，因此就不指著祂的名诅咒起誓，行巫术、说谎、哄骗，但在一切患难中要呼吁上帝的名，向祂祷告、赞美和感谢。

上帝的名正是描述祂。

> **正确地使用**
> **祂的名**

以前的人取名都是有意义的，知其名也就知其人。例如：米拉先生是一位磨米的先生，高先生是一位高个子先生，罗先生是一位编竹网的先生。但现代人取名除了绰号，很少"名符其人"了。

但是上帝的名显示出祂的属性。上帝就是一切美善的源头和赐与者的意思，耶和华是自有永有的，耶稣是救世主，基督是受膏者。

上帝的名来自人对祂的呼求和认识。

上帝的名代表祂的属性。

译者按：上帝的称号包括下列几个：

耶和华以勒 — 神必有预备（创廿二，1-19）

耶和华沙龙 — 神赐平安（士6:11-24）

一国的国旗代表那个国家。如果你侮辱一国的国旗，也就等於侮辱了那个国家。

上帝的名号代表上帝，滥用祂的名就是亵渎了上帝。

所以上帝禁止我们妄称祂的名。

妄称上帝的名

上帝的名被妄称，当我们 —

（一）咒诅 — 向上帝发恶言，对自己或别人发恶愿。

例子："上帝咒诅你该死，下地狱去吧，愿你行天下最倒霉的"。"等我胸前划十架，蓝又黑，我如撒谎，天诛地灭。"他血的账归我们"耶稣受审时群众的喊叫。示每咒骂大卫（撒下16:5-8）

咒诅是愚蠢的行为，司机咒骂自己的车子，机械工向自己的工具发咒，多愚蠢啊！

咒诅的人也显出他们言语能力上的贫乏。

对於基督徒来说，咒诅会带来负面的公众关系。当彼得想对人否认他是耶稣的门徒时，他发咒了。这倒是说服人你不是基督徒的一个方法。

咒诅对上帝是一种侮辱。一个马场的管理员曾经对我说:「牧师, 请听我说,我每天对著这群卑贱的红番杂种小马,我只好发咒,或则我要爆炸了。」我对他说:「当你爆怒如雷时,你是否冲进房子里去揍你的母亲或打你的妻子呢?不然你为什么要这样侮辱那比你的母亲和妻子还亲爱你的上帝呢?」

在旧约时代,妄称上帝的圣名是一条死罪(利24:14),就算是今天,"耶和华也必不以妄称祂圣名的人为无罪。"

迦百农的百夫长无需发咒诅才能使他的士兵听令於他,他只需说"来" 或 "去",他们就听从。

(二)妄然起誓或亵渎上帝。

a. 起假誓,作假见证。彼得说「我不认识他」---- 太 26:72 。

b. 亵渎发誓,就是发誓要犯罪作恶。

例如:谋害保罗;四十人同谋起誓,说,若不先杀保罗,就不吃不喝。

使 23:12

c. 蔑讥起誓:

随便发誓言,如 "我在神前实言"。"神呀,不是" ,"神呀,对"。

谎言和起誓是孪生子,有一个人说话差不多每句话都要发誓,於是有人说:「这人一定是个大骗子,因为他很怕我们不会相信他。」

d. 对不确定的事发誓言。

希律王起誓,答应不论希罗底求什么,他都会给她。她要求要施 洗约翰的头。(太 14:6-9)

但例如亚伯拉罕和他的仆人(创24:3);保罗(林後1:23),基督(太26:63-64)和上帝的命令(申6:13)都教导我们如果是事关上帝的荣耀或邻舍的福利,我们不 但可以起誓,还应该义不容辞呢。

起誓的意思是呼求上帝来作我们的证人,证明我们所说的不假,如果言有不实, 愿受上帝的惩罚。

发誓又好比一把剑,只有在政府的要求下才使用,或出於自卫,或为保护邻舍。

(三)行巫术:

未来是掌握在神的手中。 "我是耶和华,这是我的名,我必不将我的荣耀归给假神。"(赛42:8)所以占卜、算命都是错的,不论用的是纸牌、占星、相骨、观掌、水晶、交灵,都不合宜。上帝出於爱把我们的将来用一层纱盖起来,叫我们看不清楚,否则若知道喜事必到,再不希奇,但若先知痛苦必临那就会愁上加愁了。

有人给威廉赫塞看一本占星书,里头有何时他会离世的年日。他於是在书旁作注说:「参看诗篇31:15,我终生的事在上帝的手中。」

交鬼术：以催眠术作手段，或者行术者在恍惚状态中找出医病的秘方来。
（利19:31）

所谓神医术。上帝并没有拢统的应许我们得著罪恶和疾病的双项医治，这是行术者没有得著神的命令或应许而妄用神名。

扫罗王曾经往见隐多耳女巫，与魂相交。（撒上28）

（四） 藉上帝的名欺哄：教导假的教义却妄称是上帝的话语，曲解圣经的教训。

（五） 藉祂的名行骗：以宗教作掩饰，伪善作假行骗。

例子： 亚拿尼亚和撒非喇（徒5:1-11）有些信徒星期日高声的唱诗，热诚的祷告，敬虔的谈话，但到星期一却是不忠不实狡诈的人。

上帝圣名的正当用法

牛顿每次提到上帝的名字时，一定脱下他的帽子。同样，我们每当听到耶稣的名时，就低头是一个好习惯。

我们可以也应该，当我们祈祷或赞美的时候用上帝的圣名，如果完全不用祂的名字就反而犯了疏忽的罪了。

在一切苦难中，呼求祂的名

在快乐的日子，也要以上帝是你的密友知己。有些人只在他们患难时，呼求上帝的圣名，就像一个离家读大学的青年人，只有在要钱时才写信给他的父亲一样。另外一位青年，平时却以他的父亲作为知己，所以当他有困难时，他会很自然的投诉於他的长期密友。

祈求和赞美

祈求比赞美容易。当面临极大的危难，国家的危机或个人有危险时，"人穷则呼天"是人天性自然的祷告，正如华盛顿领军在"熔炉谷"遇到危难时，跪在上帝面前求助一样。林肯也承认常常为情势所迫向上帝祈祷，因为他不知除此何处可以得著帮助。在第二次世界大战时有一个士兵被问在巴坦时有否向上帝祷告，他答说：「我想当时在那里的所有士兵都在祈求。 正当查理林白作越过大西洋历史性的首次飞行时，洋球场内，千万个色彩纷杂的球迷们脱帽肃立两分钟，为林白上校安全越洋飞行默祷。当时他们都感觉这是很自然的事，没有人觉得困窘希奇。因此可见在有些场合，祈祷对人来说好像是呼吸一样自然，他们先祈祷，然后再谈比赛。

但是赞美是一门比较困难的艺术。有一次有十个长大麻疯的来见耶稣，因为他们都极需要祂的帮助，所以他们同声向祂呼求，"怜悯我们吧！"但是当耶稣将他们医好了之後，只有一个回来赞美祂，第二条诫命要我们祈祷并且要赞美。

感　谢

感谢的字根是从"想"而来。如要感谢，一个人一定要思想，很多人不晓得感恩，理由是因为他们不懂得思考。

很多属灵的祝福是我们应该感恩的。例如宽恕的平安，罪得赦免，藉耶稣宝血能和神和好，圣灵住在我们里面，重生更新，神一切的慈爱，上天堂的保证等。以下我们列出一些属灵上和物质上的祝福。书，美，圣经，洗礼。孩子，教会。日出，医生。教育，特别是基督教教育。朋友，花，自由，欢乐，父亲，信仰，火。上帝。希望，家庭，幽默。永恒不灭。耶稣。亲朋好友，除去生命粗糙的磨练。生命，爱，光，律法，工作，欢笑。母亲，记忆，音乐，药。自然，夜。机会。祷告，和平，进步。探索。浪漫。忧伤，牺牲，日落。圣坛上的圣餐，总会。真理，明天。胜利。崇拜，工作，工资，轮子，水。其他我们忘记写下的恩典。昨日。热诚。

赞美诗：400，363，364，243，36，114。

愿我口舌为主用，
时时将我主称颂。
愿我嘴唇常讲论，
我主耶稣至大恩。　　400,1

祈祷：

主啊，我们求你使我们的舌头离开凶恶，叫我们口唇没有狡诈，众天使怎样在天上永远赞美你，也叫我们怎样在地上荣耀颂扬你。奉圣子我主耶稣基督的名，阿们。

读经

经文重点

撒下	16:5-13	....
太	26:69-75	....
太	14:1-12	....
撒上	28:3-25	....
太	7:15-20	....
徒	5:1-11	....
路	17:11-19	....

教义问答复习

(1) 上帝藉第二诫命要禁止我们做什么？　上帝禁止我们妄称祂的名。[1]

(2) 上帝的名是什么？　上帝的名就是人对祂的呼求和认识。

(3) 怎样算是妄称上帝的名呢？　就是指著祂的名咒诅、起誓、行巫术、欺哄或行骗。

(4) 怎样算是指著祂的名咒诅？　向上帝发恶言，对自己或别人发恶愿。[2] [3]

(5) 怎样才算是指著上帝的名起誓？　就是呼吁上帝作我们的证人，证明我们所说的话不假，如果言有不实，愿上帝惩罚。

(6) 作一个基督徒，何时可以起誓呢？　当为上帝的荣耀或邻舍的幸福或政府当局命定时而起誓。[4]

(7) 何种发誓是被禁止呢？　不可以起假誓，非出於必要也不可起誓。

(8) 怎样才算行巫术？　例如算命等等。[5]

(9) 什么是藉著上帝的名说谎言呢？　教训假道却妄称是上帝的话。[6]

(10) 什么是藉著上帝的名行骗呢？　以宗教之名作假行骗（假冒为善）。[7]

(11) 上帝藉著第二条诫命要我们做什么？　祂命令我们祈祷，赞美和感恩。[8] [9] [10] [11]

(12) 我们应当何时呼求上帝的名？　不单只在一切困难中，乃是随时随地呼求祂的名。

引证经文

1) 不可妄称耶和华你神的名，妄称耶和华名的，耶和华必不以他为无罪。　（出 20:7）

2) 凡咒诅上帝的，必担当他的罪。　（利 24:15）

3) 我们用舌头颂赞那为主为父的，又用舌头咒诅那照著神形像被造的人。颂赞和咒诅从一个口出来。我的弟兄们这是不应当的。　（雅 3:9-10）

4) 人都指著比自己大的起誓，并且以起誓为实处，了结各样的争论。　（希 6:16）

5) 不可偏向那些交鬼的和行巫术的。不可求问他们，以致被他们玷污了。我是耶和华你们的神。　（利 19:31）

6) 耶和华说："那些先知用舌头，说是'耶和华说的'；我必与他们反对。"　（米 23:31）

7) 这百姓用嘴唇尊敬我，心却远离我。　（太 15:8）

8) 在患难之日求告我，我必搭救你。你也要荣耀我。　（诗 50:15）

9) 你们祈求，就给你们，寻找就寻见，叩门就给你们开门。　（太 7:7）

10) 我的心哪，你要称颂耶和华，凡在我里面的，也要称颂他的圣名。　（诗 103:1）

11) 你们要称谢耶和华，因祂本为善，他的慈爱永远长存。　（诗 118:1）

习　作

Ⅰ　熟读本课教义问答复习。

Ⅱ　熟记和学习应用所有引证经文，或以下所列经句 No..........。

Ⅲ　教义问答 － 第 5～6 条诫命（第 7～8 条诫命）。

Ⅳ　圣经的书卷名称 － 五卷智慧书。

第三课

第三条诚命

当守安息日为圣日

我们应当敬畏亲爱上帝，因此就不轻看祂的道和传道的事，
却要尊重祂的道为圣，并虔诚敬听学习。

祂的日子
要守为圣日

你要遵守安息日，要专心将心思放於圣道、圣工和生命上。

对以色列的命令是： 你们要在第七日敬拜。
对我们的命令是： 敬拜

日日都是一样

新约圣经没有命令我们要遵守第七日为安息圣日，这从基督的言行就可以明白。祂曾在星期六医治病人，命瘫子拿走他的褥子，让门徒摘麦穗来吃。祂自己是安息日之主，已经成全并废止了旧约的安息日。

安息日本身是没有特别的价值，那一日都是一样（罗14:5-6），我们星期日敬拜和庆祝其他节期，不是因为上帝的命令，乃是藉以有一个时间和机会公共崇拜。然而我们仍然要遵守旧约诚命的精神内涵，就是要敬拜（西2:16-17）。

现在星期日是我们的安息日

使徒 20:7；林前 16:2

早期基督徒选择了星期日作为他们的圣日，就是一星期的头一日。因为在这日：
(1) 父神开始了祂创造世界的工作。
(2) 神子从死里复活，复活节是一个礼拜日。
(3) 圣灵在这日成立了新约教会，五旬节是一个礼拜日。

所以星期日提醒我们所颂赞的三一真神的每一位，和祂们的创造，救赎和使我们成圣的三样工作。

如果有以下的状况，我们就没有好好利用安息日

(1) 不去教会。

(2) 没有固定去教会（例如仅在圣诞节和复活节前往）。

(3) 去教会但不听道。

有一个人说他去教会四十年，但是从来没有听过一篇道。因为当牧师开始讲道时，他就在心中检讨上星期的业务和盘算下星期要做的计划。

(4) 去教会，也听道，但不信所听的道。

(5) 去教会，也听道，并相信所听的道，却不行出来。

一位女士从教会出来的时候有人问她：「什么，那么快就听完了讲道吗？」她回答说：「未完，要等我们活出来才算。」

使人厌烦的藉口

(1) *我没有时间* — 但将来你可得有时间去死。

(2) *我留在家里一样可以读圣经* — 一块燃的煤炭若从炉中取出来会很快地熄灭。所以 "你们不可停止聚会。"（来 10:25）

(3) *去教会本身不能使我变成一个基督徒* — 那也许是对，但想一下："每个基督徒都当向众人为我作见证...... 等等。"所以基督徒上教会。

(4) *我可以在大自然中或在放竿垂钓的时候敬拜神* — 但事实很简单，你不会这样做。再者，大自然虽然可以告诉你神的伟大，权能和智慧，但对基督的恩典却没有一点交代。"在神的院宇住一日，胜似在别处住千日。"

(5) *所讲的道我都已经知道了* — 或者是的，但神的道好像是水倒在羊毛身上一样，虽然是一样的水，羊毛却是愈冲愈白。

(6) *在教会中有很多假冒为善的人* — 这个并不希奇，基督也说过麦子当中会有稗子相杂，但不必为此忧虑，因为到收割的时候，稗子就会从麦子中被薅出去。当然教会是由罪人所组成，并不完全。若是只有天使般的人才能进教会的话，请问你可以加入的机会有多大呢？再说，假冒为善的人与你又有何关系呢？

(7) *我要煮晚餐* — 其他的人也一样要吃晚餐呀！不是吗？但是得著灵性上的粮食要比准时进餐还重要，难道你要优待你的身体使你肥胖，却让你的灵魂乾缩吗？

试问，你的爱心在那里呢？这才是问题的症结。基督并没有找藉口不救我们，祂并没有说：「那道路太长，十字架太重。」祂却说：「我爱属我的人，所以我要为他们死。」让我们说：「我爱我们的救主，所以我要为祂而活。」

我们怎样才算是遵守了第三诫命：

(1) 去教会聚会、听道、信道并行道。　　（耶稣，路 2:41-52；马利亚，路 10:39）
(2) 每日读经祈祷。庇哩亚人：　　（使 17:11）
(3) 支持教会的工作。　　（加 6:6-7）
(4) 向他人分享福音　　（传道工作）

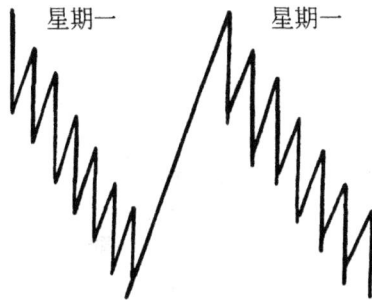

星期一　　　　　星期一

　　上图是黑葛拉博士用以显示一个人的精力在一周中一直下降。晚上的休息和睡眠也不能使我们的精神回复到最高峰状态。

　　如果你一直这样工作下去，没有任何安息日的安息，最后你的健康一定会因为支持不住而倒下来。

　　一个智慧的上帝设定了安息日和固定公共崇拜的日子。

圣诗：12, 8, 1, 24

真光生命恩典之日
离别世上劳苦安息
你的圣日爱的恩赐
愿将我们献上归主

祈祷：

主啊，求你藉著我的嘴唇说话，藉著我的心思思想，使我的心火热，奉圣子我们的主耶稣基督的名，阿门。

去礼拜堂前的祷告：我要进到你的殿，在你的圣所里瞻仰你的荣美，称颂你的圣名。

作礼拜时的祷告：主啊，求你挪去我的冷淡和烦恼杂念。就在这个祷告的时刻叫我的灵可以专心仰望你和你的爱，啊仁慈的救主。

礼拜完毕後的祷告：主啊，求你应允从我们嘴唇发出的呼求，叫我们心里相信，恒守我们的信仰。

读经	课题要点
使 20:7-12	....
路 10:10-16	....
太 7:24-27	....
路 8:4-15	....
雅 1:21-27	....
路 10:38-42	....
可 12:41-44	....

教义问答复习

(1) 上帝在第三诫命中命令我们做什么？ 要遵守安息日为圣日。

(2) 安息日是什么？ 就是一个安息和崇拜的日子。

(3) 上帝要旧约时代的人遵守一星期中那一日为安息圣日？ 第七日，就是星期六。

(4) 他们如何遵安息日为圣呢？ 不作工，去圣殿。

(5) 在那一天外在的安息向他们提醒了什么呢？ 提醒他们藉基督被钉死在十字架上所带来的内在安息。

(6) 为什么我们不像基督以前的以色列人一样遵守星期六为安息日呢？ 因为基督已成全也因此废止了那安息日。[1]

(7) 一般来说，我们说安息日是指那一日呢？ 我们指的是星期日。

(8) 在新约中，上帝有没有明文指定我们要遵守那一日为圣安息日呢？ 没有。

(9) 那么为什么一般信徒都腾出一日作为宗教的活动呢？ 因为这样我们就有时间和机会去参加公共崇拜。

(10)为什么新约时代中的基督徒选择星期日作为安息崇拜的日子呢？ 因为星期日提醒他们基督的复活，和圣灵的降临。这些事都是发生在星期日。

(11)上帝藉第三诫命禁止我们做什么？ 上帝禁止我们蔑视祂的道和传道的事。[3]

(12)我们如何会错用了崇拜的日子呢？ 完全不去教会；不固定去教会；去教会但不听道；去教会听道但不信；上教堂听道也相信但不实行。

(13)只有那一类的工作我们不应该放下而去教会呢？ 只有紧急必须和慈善的工作。

(14)我们应该如何遵守安息日，使之为圣呢？ 去教会听道，信道和行道。[4][5]

(15)除此之外，如何表示我们对神话语的敬爱呢？ 使用圣礼；每日读经祷告；支持教会的事工；向他人分享福音。[6]

引证经文

1) 人子是安息日的主 （太 12:8）

2) 所以不拘在饮食上，或节期、月朔、安息日，都不可让人论断你们，这些原是后事的影儿，那形体却是基督 （西 2:16,17）

3) 出於神的必听神的话，你们不听因为你们不是出於神　（约 8:47）
4) 把基督的道理丰丰富富的藏在你的心里　（西 3:16）
5) 听神的道而遵守的人有福了　（路 11:28）
6) 在道理上受教的，当把一切需用的供给施教的人，不要自欺，神是轻慢不得
    的，人种的是什么，收的也是什么　（加 6:6,7）

习　作

I   细读本课的教义问答复习。
II 熟记和学习应用所有引证经文，或以下所列的经文 No. ......。
III 教义问答 — 第 7～8 条诫命（第 9～10 条诫命）。
IV 圣经的书卷名称 — 五大先知。

教会年份

　　教会年份好像一轮载满了上帝丰盛恩典的货车。上帝终年开著这货车把恩典分
赐给各方。

　　这辆货车的四个轮环如下：

1. 圣诞节周期

降临期
（四个星期日）
圣诞节
主显日（一月六日）

2. 复活节周期

四旬斋
（复活节前的四十日）
圣周
复活节
复活节後第一个星期日

3. 五旬节周期

基督升天日
五旬节

4. 三一节周期

三一节
三一节後
第一个星期日

让我们查考一下教会年份：

有两部分

教会年份可分为两部分：

　　I 节期部分和
　　II 非节期部分

　　节期部分从降临期的第一个星期日开始，直到三一节为止。而非节期部分从三
一节开始到降临期的第一个星期日，在非节期期间的星期日都叫做三一节後的星期
日。

（一） 节期部分

节期部分有四个大节日，就是圣诞节、复活节、五旬节和三一节。还有些比较小的节日绕著这四个大日子前後成为节群。

1. 圣诞节周期

降临期 — 就是圣诞节前的四个星期日，提醒我们耶稣成为肉身的降临，以及 祂第二次的再来，和祂藉著可看见与可听见的道进入我们的心。

这个节期使我们准备好来迎接圣诞节。

★圣诞节 — 十二月廿五日，耶稣的降生。

圣诞节後第八日，也就是一月一日，是割礼节和圣婴的命名。

显现节 — 第十二晚上，就是一月六日晚，基督对外邦人的显现，纪念东方博士来朝拜圣婴。

2. 复活节周期

四旬节 — 复活节前的四十日，星期日不算在内。若加上星期日，总共有四十六日，但是这些星期日不算是四旬斋的日子，只算是四旬斋期内的星期日。

灰烬星期三 — 四旬斋的第一日。

救主受难周 — 复活节前二周。

圣周 — 复活节前的一周。

棕树主日 — 圣周的头一日，纪念耶稣凯旋进入耶路撒冷。

洗足星期四 — 英文叫做 Maundy 是从拉丁文 Mandatum，洗足而来，纪念耶稣向门徒洗脚并赐下 "你们要彼此相爱的命令"，亦纪念主的晚餐的设立。

受难节 — (Good Friday)上帝的星期五，或说上帝为了人类的好处受死的日子。

★复活节 — 耶稣复活的日子。

复活节後的星期日。

3. 五旬节周期

升天节 — 复活後四十日，或五旬节前十日，纪念耶稣得冠冕；升回天堂。

★五旬节 — 复活後五十日，五旬就是五十的意思。

★三一节 — 五旬节後第一个星期日，前面所述的一切荣耀。

从降临节到五旬节，都归於三位一体的真神。

（二） 非节期部分

接下来以後的星期日就叫做三一节後的第一个星期日，三一节後的第二个星期日等等，一直到降临节再从头开始。

第四课

第四条诚命

你当孝敬父母，使你得福，在世长寿。

我们应当敬畏亲爱上帝，因此就不藐视我们的父母和尊长，
　　也不惹他们发怒，但要尊荣、服事、顺从、亲爱并尊重他们。

第一块法板要求我们爱上帝
第二块法板要求我们爱人
　　请看金箴（太 7:12）的教训

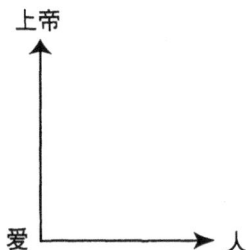

```
                          上帝
                           ↑
                           |
                           |
                           |
           爱 ─────────────┴──────→ 人
```

"你当爱人知己"（太 22:39）。

　　每一个需要爱的人都是我的邻舍，当然有些人与我比较亲近，例如主内的弟兄姊妹，我的亲戚和我的同胞等。如果一定要分出亲疏的话，上述这些人将会优先得到我的爱。好撒玛利亚人的故事告诉我们，敌人也是我的邻舍。（路 10:25-37）

```
┌──────────┐
│  尊长     │
│ 不可藐视  │
└──────────┘
```

　　所以有机会的时候就当向众人行善，向信徒一家人更当这样。（加 6:10）

　　上帝不直接管理我们，却间接地透过家庭、教会、学校和政府来管理我们。我们顺服上帝，同样也要顺服一切合法而在我们之上的人，唯一的条件是他们的命令不能违反上帝的旨意。

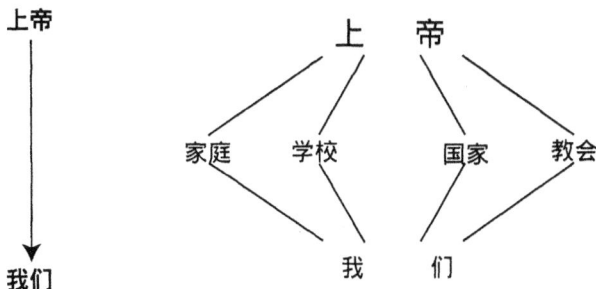

```
上帝                        上    帝
 |                        ╱  ╲    ╱  ╲
 |                      ╱     ╲  ╱     ╲
 |                  家庭   学校   国家   教会
 ↓                      ╲     ╱  ╲     ╱
我们                      ╲  ╱      ╲  ╱
                          我         们
```

家庭 — 父母或父母的代理人例如继父母、保护人、祖父母。
学校 — 不论是教会或非教会学校，要听从老师和学校的各级人员。基本上他们的权力来自父母。
国家 — 政府，例如约瑟当宰相统治埃及时，被称为"监督、父亲"（创41:43）。华盛顿是"美国国父"。市议员也被称为"城市之父"。
教会 — 致力於公众传道职事的圣徒团体。

如果有以下的状况，我们就是"藐视"

那些上帝把他们放在我们之上的人：
我们对他们不服从、顶嘴、对抗、反抗。
使他们忧虑和愁烦。

例如：以利的二个儿子（撒上2:12, 23, 25）；押沙龙企图篡夺他父亲大卫的王位（撒下15），该隐，伯特利的少年人。

希腊人有这样一个概念，认为如果一国的公民同意大家都遵守他们自己所订出来的律法，那就无需君主专制。这就是民主民治，就是说人民直接管理自己：或者如果国家太大，选出代表来间接治理。

个人或团体都不能任意决定只遵守国家的某一部分律法而忽视其他律法，他们也不能从事於"公民反抗"。如果某些律法有所不公或有歧视的地方，自然他们可以循正当的立法程序去改变这些律法。但是不论他们的动机如何纯正，虽然某些条例急待改善，他们不能公然违反律法，也不能藉暴动、破坏、恐怖行动、恐吓生命或毁坏产业来使他们的意志加诸於国家的政体上。

对律法任何上型的反抗，如不及时平息，必然引起政府权力的摇动和社会的混乱，甚至发生内战，最后导致专制的政权。因为一个国家或民族如果没有政府，不论是仁政或是暴政，必定不能持久。

我们尊敬

那些上帝把他们放在我们之上的人，我们
服从他们。
服事他们。
亲爱他们。

第四条诫命是头一条也是唯一带有特别应许的诫命："使你得福，在世长寿。"（弗6:3）这表示上帝对这条诫命的重视了。

遵守第四诫命的理由

(1) 对上帝的敬畏和亲爱。
(2) 在世长寿的应许，可以被解释为在世年月的长久，或指因长寿而有的福乐。
(3) 犯这诫命的，要受下面的咒诅：「戏笑父亲，藐视而不听从母亲的，他的眼睛，必为谷中的乌鸦啄出来，为鹰雏所吃。」（箴 30:17）
(4) 报答好父母的恩情。

对父母顺从和亲爱的例子

约瑟 — 你们要赶紧上去父亲那里，对他说，你儿子约瑟这样说，上帝使我作全埃及的主，请你下到我这里来，不要耽延。（创 45:9; 46:29; 47:11, 12）父母年老的时候，你们要奉养他们。

所罗门 — "吩咐人为王母设一座位，她就坐在王的右边。"（王上 2:19, 20）

以利沙尊敬他的老师以利亚。（王下 2:12）

美国总统迦尔费特在受职典礼中公开地吻他的母亲。

华盛顿准备搭船出洋，他的行李已经放在船上，但当他要向母亲道别，发现她在流泪时，他说：「快去叫他们将我的行李拿下船来给我。」他留下没有出洋。

耶稣 — 在十字架上祂还顾及祂母亲在世的安舒，对她说：「妇人，请看你的儿子。」祂将母亲交托给祂的爱徒约翰。（约 19:26）

做父母的责任

要在以下四方面照顾他们的孩子：
(1) 肉身
(2) 心理
(3) 社交
(4) 灵命

因此他们需要：

(1) 供养孩子们身体上的需要：食物、衣著、住屋、医疗和牙齿保健，适当娱乐、游戏。
(2) 训练孩子的心志，供他们上学读书，帮助他们作功课，提供教训和指导。
(3) 培养他们社交礼节，易於待人接物，为别人著想。
(4) 照著上帝的教导和训诲培育他们。对他们传讲耶稣，教他们祈祷、崇拜，遵行神道。如有可能，送他们去读基督教会办的小学、中学和大学。送他们上主日学、信道班，陪他们去教会，坚持要他们尊重神和人的权威。要带著智慧的心爱孩子。

赞美诗：625, 630, 631, 577

> 你当孝敬父母，长上
> 亲爱、尊重、扶持、奉养
> 当他们体力渐衰时
> 如此在世得福长寿。
> 上帝怜悯

祈祷：

> 马利亚之子啊，求你使我们的家庭圣洁。
> 大卫的子孙，祝福我们的政府。
> 人子啊，你掌管万国万民。
> 神子啊，赐给我们永生。
> 全能的上帝啊，愿你的圣旨行在我身上，让我孝敬父母，仅次於你，赐
> 下你的良善和恩惠给我，叫我能照著你的圣道的指引，去亲爱并荣耀我的父
> 母，尊敬服事他们，帮助他们，也为他们祈祷，好叫他们的灵魂无论在生或
> 死都祝福我。也叫我因著父神的慈爱，得著你所应许赐给那些孝敬父母的人
> 的一切福气，并让我继续在慈爱父神荣耀的国度产业有份。奉你圣子，我主
> 耶稣基督的名，阿们。

读经

课题要点

(1) 撒上　2:12-36 ....
(2) 撒下　15:1-6 ....
(3) 王下　2:23, 24 ....
(4) 弗　6:1-9 ....
(5) 路　2:41-52 ....
(6) 创　46:28-34 ....
(7) 约　19:25-27 ....

教义问答复习

(1) 第二块法板对我们有什么要求？　"你要爱人如己"。[1]
(2) 谁是你的邻舍？　所有需要我的爱的人都是我的邻舍。
(3) 在众人之中，谁最配得著你的爱？　我的父母和尊长。[2]
(4) 上帝藉第四条诫命禁止什么？　上帝禁止我们藐视我们的父母及尊长。[3]
(5) 谁是你的父母和尊长？所有合法的上司尊长，例如父母，雇主，政府官员，老师
和牧师。[2] [4] [5] [6]

(6) 为什么我们必须遵从所有合法的尊长呢？　他们受托於上帝管治我们，是上帝的代表。

(7) 我们对父母和尊长的责任是什么？　我们要尊敬、服事和顺从他们，也要亲爱和尊重他们。7) 8)

(8) 我们何时可以违背我们的父母和尊长呢？　当他们要我们做有违反上帝旨意的时候。9)

(9) 凡尊敬父母的，上帝应许要赐给他们什么福气？　在世长寿、快乐！

(10) 我们尊敬我们的父母还有什么其他原因呢？　他们为我们付出太多。7)

(11) 何时父母特别需要我们的关爱呢？　当他们年老、有病、和孤单的时候。10)

(12) 在遵守第四诫命上，谁是我们的最好榜样？　我们神圣的主耶稣。

引证经文

1) 金箴："无论何事，你们愿意人怎样待你们，你们也要怎样待人。因为这就是律法和先知的道理。"（太 7:12）

2) 你们作儿女的，要凡事听从父母，因为这是主所喜悦的。（西 3:20）

3) 戏笑父亲，藐视而不听从母亲的，他的眼睛必为谷中的乌鸦啄出来，为鹰雏所吃。（箴 30:17）

4) 你们作仆人的，凡事要存敬畏的心，顺服主人，不但顺服那良善温和的，就是那怪僻的也要顺服。（彼前 2:18）

5) 在上有权柄的，人人当顺服他。（罗 13:1）

6) 你们要依从那引导你们的，且要顺服。（希 13:17）

7) 叫他们先在自己的家中学著行孝，报答亲恩，因为这在神面前是可悦纳的。（提前 5:4）

8) 在白发的人面前，你要站起来，也要尊敬老人。（利 19:32）

9) 顺从神，不顺从人是应当的。（使 5:9）

10) 你要听从生你的父亲，你母亲老了也不可藐视她。（箴 23:22）

习　作

I　细读这章的教义问答复习。

II　熟记并学习应用所有引证经文，或以下所列的经文 No......。

III　教义问答 － 第 9～10 条诫命（上帝说什么？这是什么意思？）

IV　圣经书卷名称 － 12 小先知书。

第五课

第五条诫命

你不可杀人。

我们应当敬畏和亲爱上帝，因此就不损害人的身体，
也不伤人的心，但在一切属身体的需要上要扶持照顾他。

生命要尊重

一个人的生命比他在世上的一切更宝贵。
上帝颁下第五条诫命，为的是要保障人的
身体和生命的安全。

其实我们都是杀人者，因为"杀害"的意思是：
(1) 杀一个人。　(2) 伤害一个人。　(3) 恨恶一个人。

不应当做的是什么

三种形式的杀害

(1)	严重形 粗糙形	亲手杀人 借刀杀人 误杀人 自杀	该隐 创 4:8 大卫，撒下 11:15，希律，保罗，犹大 出 21:29，申 22:8 扫罗王，犹大，太 27:5
(2)	较细型	缩短生命 折磨伤害身体	约瑟的兄弟，创 37:23-35 彼得伤害马勒古。太 26:51
(3)	轻细型 细密型	故意不帮助扶持身体上有需要的人。 好撒玛利亚人故事中的祭司和利未人。路 10:31, 32 怨恨和嫉妒。约壹 3:15；创 4:5-7 "怨恨的眼光一样可以刺杀造成无声的谋杀" — 乔治艾略特

杀人的可处死刑。（太 26:52；创 9:6）
政府可以实施死刑。（罗 13，4）
暴力围攻，施行私刑或吊刑或个人报复，都是杀害。（罗 12:19）
意外枪杀，徵召参加公义的战争和自卫下，不算是杀害行为。
安乐死，出於怜悯的杀害又如何呢？

应该做什么？

我们应该在以下各方面帮助照顾我们的邻舍：

给予食物和饮料。参看最後审判。（太 25:40）
提供药物和居所。参看好撒玛利亚人。（路 10:33-35）
给予劝勉和慰解。
待以恩慈。
你们要以恩慈相待，存怜悯的心，彼此饶恕，正如上帝在基督里饶恕了你们一样。
（弗 4:32）

　照顾身体：我们应该好好照顾我们的身体，因为这是从神而来的托付，作行善的器皿，用以荣神益人也为了我们自己的好处。经上说：「岂不知你们的身体就是圣灵的殿麽？」（林前 6:19）所以我们要谨慎，不可因过劳而损伤身体，不可疏忽你的牙齿和医疗保健，要有适当的休息和娱乐，不可用毒品或其他有损身体的物品。却要"在你们的身体上荣耀神。"（林前 6:20）

赞美诗：439, 412, 440, 653。

> 疾病忧愁或是穷困，
> 不论喜忧都要分担。
> 帮助照顾彼此扶持，
> 给人等於给了你主。

祈祷：

> 主啊，你是我们的避难所，求你与我们同在庇荫我们，避开他人的挑
> 拨和忿怒。藉著你的大爱和虔敬，保守我们脱离
> 舌头和脾气的罪恶，奉圣子我主耶稣基督的名求，阿们。
> 主啊，助我使疲倦者得力量，痛苦者得帮助，忧伤者得安慰，
> 患难者得救援，奉圣子我主耶稣基督的名求，阿们。

读经

课题要点

创	4:1-15	....
太	27:3-5	....
太	26:51,52	....
创	37	....
路	10:25-37	....
太	8:5-13	....
创	45:1-16	....

教义问答复习

(1) 第五条诫命是什么？ 你不可杀人。

(2) 上帝藉第五条诫命要禁止我们犯什么大罪？ 就是藉自杀或杀人来杀害生命的大罪。[1] [2]

(3) 为什么自杀是特别危险的罪？ 一个自杀的人通常没有时间去悔改。

(4) 上帝允许杀人犯得到什么刑罚？ 死刑。[1] [2]

(5) 谁有把杀人犯处死刑的权力？ 政府。

(6) 除了杀人外，上帝在第五条诫还禁止我们作什么？还禁止我们伤害或怀恨他人。[3] [4]

(7) 为什么你要留心照顾你的身体？ 我的身体是从神而来的神圣托付，是为了上帝的国度用来荣神益人的。

(8) 你要如何好好照顾你的身体呢？ 尽力保持身体的清洁，健康和强壮。

(9) 你是否可以不用一拳一脚，也可以伤害你的邻舍呢？ 是的，当我们藉著言语、行动和仪态，使他们不快乐就是伤害他们了。

(10) 争吵是否也是犯了第五条诫呢？ 是，上帝禁止一切的争吵、吹毛求疵、嘲弄、恶言、恨恶的表情、嫉妒的心。

(11) 假如我们不幸伤害了邻舍的身体，我们应该怎么办呢？ 我们应该悔改，并且尽可能改善情况。

(12) 我们对邻舍应尽的责任是什么？ 我们应该照顾、帮助邻舍一切身体上的需要。[5]

(13) 我们如何可以友善帮助邻舍呢？ 和平相处、殷勤、善待邻舍。[6]

引证经文

1) "凡流人血的，他的血必为人所流，因为上帝造人，是照自己的形像造的。"（创 9:6）

2) "凡动刀的必死於刀下。"（太 26:52）

3) "凡恨他弟兄的，就是杀人的。你们晓得凡杀人的，没有永生存在他里面。"（约壹 3:15）

4) "因为从心里发出来的，有恶念、凶杀、奸淫、苟合、偷盗、妄证、谤读。"（太 15:19）

5) 你的仇敌若饿了，就给他吃，若渴了，就给他喝，因为你这样行，就是把炭火堆在他的头上。（罗 12:20）

6) 温柔的人有福了，因为他们必承受地土。怜恤人的人有福了，因为他们必蒙怜恤。使人和睦的人有福了，因为他们必称为上帝的儿子。（太 5:5, 7, 9）

习 作

I 细读这课的教义问答复习。

II 熟记并学习应用所有引证经文，或以下所列的经文 No......。

III 教义问答 — 上帝说的是什么？这是什么意思？（温习要道一）

IV 圣经书卷名称 — 复习旧约创世记到玛拉基书。

第六课

第六条诚命

你不可奸淫。

我们应当敬畏亲爱上帝，
因此在言语行为上要贞洁谨守，
夫妻彼此亲爱尊重。

贞洁 当珍重

人生在世，除了生命以外，最可贵的要算是另一半，就是一个人的配偶了。为了保障婚姻和家庭的健全，上帝颁下第六诫命，以禁止不贞。

婚 姻

婚姻是上帝所设立的。（创 2:18-24）
是一男一女的结合。
是终身的联合。
婚姻的起始是订婚。

　订　　婚

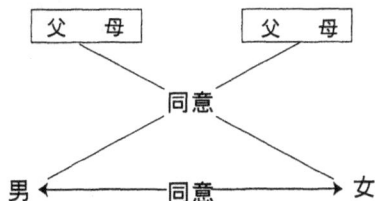

做丈夫的责任是：　爱妻子，他的贤内助
做妻子的责任是：　爱丈夫顺他为首　　（弗 5:24,25）

离　　婚

唯一可离婚的理由是不忠（奸淫或恶意遗弃）。
藉著婚姻，丈夫与妻子联合。

如果丈夫将那份该属妻子的爱给另一个妇人，他的不忠就等于将自己与妻子离异了。这样那无辜的妻子可以去法庭要求将她的丈夫私下与她离异的事公布於世。－－反之亦然。

举例：一个士兵誓言效忠於他自己的国家，如果他将这份爱国之心转给另一个国家，且成为那国的士兵，那么他就变成为一个卖国贼了。他对国家的不忠也就等於向自己的国家离异了。

为人的责任，不论是已婚或未婚，我们都应该在言语、行为、思想和欲望上过贞洁、谨守的生活，换言之，要远离淫乱。

"淫乱"如何解释呢？就是搀杂劣质物品於其中的意思。例如一袋纯正面粉搀杂了劣质物品就形成了"淫乱"了的搀杂物。当一件纯洁物被搀杂，它就失去本来的纯洁，也因此变坏了。上帝要我们远避任何会破坏或污秽我们纯洁的性生活的事物。所以性纯洁的相对就是性污秽或淫乱了。

保持自己的纯洁

保守纯洁的心思："因为一个人的心怎样思量，他的为人也就怎样。"（箴23:7）
爱默生曾说："思想是行为之始。隐思、幻想、欲念、行动，起於心而行於外，势所必然也。"意思是(1)思想动机；(2)进而想入非非而成幻想；(3)孕成妄想而得快感；(4)坠落的行动。这四步曲可说是罪恶的发展史。

勿倒
垃圾
於此

我们的身体是"圣灵的殿"

保守视野上的洁净：对富有引诱性的图片、刊物、电影和暴露的衣著要当心。
　　有一位住校的大学生，一天他的母亲来看他。她看见儿子房间的墙上挂满猥亵的图片，这位母亲一声不响地拿了一幅贺符曼所绘的"青年耶稣"像挂在墙上。过了数周，她又来看她的儿子，发现那些猥亵的图片全被挪走了！所以，你的心思也像一面墙，如果有一幅耶稣的圣像挂在你的墙上，就不会有馀地那些猥亵的图片了。
保守耳听的洁净：对放荡下流的戏言和歌曲，要将你的耳朵关起来。
　　它们可以是星星火种，终成为污秽的大火。
保守口舌的纯洁：避免油腔滑调的对话。

有助洁净的良药

(1) 上帝的话（圣经）。约瑟想及上帝的旨意就能胜过试探。（创39:9）
(2) 祈祷：或者你不一定喜欢祈祷，但应当祈祷，如果你独处，可以放声祈祷说："主啊，你必藉主基督帮助我胜过这个试探。"或者说："啊主，求你在我里面造一个清洁的心。"
(3) 勤工作，多运动。疏懒的心乃是撒但的工场。
(4) 远避试探之地，离开不良同伴。"滥交会败坏善行"。（林前15:33）有话说："从你的交友，就可以知道你的为人。"物以类聚，一个腐烂的苹果会使整箱变坏，一个好苹果却不能使一箱坏苹果好。疾病比健康更容易传染。
(5) 凡事合乎中庸之道。

注：性关系的标准在乎神，不在乎人，不是逢场作戏，也不是社会潮流，更不能出於本能的驱使。道德的标准不是相对的，乃是要照著上帝的明文旨意来遵行。

赞美诗：398, 428, 421, 516

> 求主消灭我心中罪念
> 洗我一切污秽得清洁
> 我神赐能力使我坚强
> 要胜一切血肉败坏，阿们。

祈祷：

全能永在的上帝啊，你将隐秘的彰显出来。求你洗净我们心中的愚昧，除净我们隐而未显的恶念，好让我们可以手洁心清的来事奉你。奉圣子我主耶稣基督的名求，阿们。

啊上帝，你的能力在（我们的）软弱中显得完全，求你除去我们一切的败坏，给我们力量，靠著你的恩典过无罪的日子，使我们的信心一生坚定，可以荣耀你的圣名。奉圣子我主耶稣基督名求，阿们。

讀經

课题重点

创	2:18-15	....
约	2:1-11	....
弗	5:22-33	....
太	5:27-32	....
创	39:1-20	....
可	6:16-28	....
箴	23:29-35	....

教义问答复习

(1) 上帝在第六条诫命禁止我们作什么？ 上帝禁止婚姻上的不忠和一切不贞洁的思想行为。

(2) 婚姻是谁设立的？ 是上帝自己设立的。

(3) 上帝设立婚姻的目的是什么？ 为了儿女，互相作伴，也为了贞洁。

(4) 婚姻中的关系人有几位？ 二位，一男一女。

(5) 婚姻的期限多长？ 这是终生的联合。[1]

(6) 以圣经的立场，唯一可以离婚的理由是什么？ 不忠。[2]

(7) 婚姻何时开始？ 从订婚的时候就开始。

(8) 什么是订婚？ 当一对男女互相允诺委身相守，经过双方父母首肯同意。

(9) 应该以何种态度进入婚约呢？ 应当小心慎重，敬畏神的态度。

(10) 一般来说，谁应该主持婚礼？ 牧师。

(11) 丈夫对妻子的责任是什么？ 爱妻子如他的贤内助。

(12) 妻子对丈夫的责任是什么？ 爱丈夫像是她的头。

(13) 无论结婚与否，做人应有的责任是什么？ 在言语、行为、思想、和欲望上过一个贞洁谨守的生活。3) 4)

(14) 试举一些可以危及贞洁的事物： (1)猥亵的书画、刊物、电影和跳舞；(2)不良的同伴；(3)暴露的衣著；(4)疏懒。5) 6)

(15) 可否列举一些有助於贞洁的活动？ (1)祷告和主圣餐；(2)对工作勤奋，多运动；(3)凡事合乎中庸之道；(4)敬畏上帝。7)

(16) 为什么对我们的思想、欲念当心谨慎是如此重要呢？ 因为思想欲念是行动的开始。

(17) 那种祷告可以帮助我们保持纯洁呢？ "主耶稣啊，求你使我内心完全美丽。" 8)

引证经文

1) 所以上帝配合的，人不可分开。（太 19:6）
2) 凡休妻另娶的，若不是为淫乱的缘故，就是犯奸淫了。有人娶那被休的妇人，也是犯奸淫了。（太 19:9）
3) 你们要逃避淫行。（林前 6:18）；要保守自己清洁。（提前 5:22）；要逃避少年的私欲。（提後 2:22）
4) 岂不知你们的身子就是圣灵的殿么？这圣灵是从上帝而来，住在你们里头的，并且你们不是自己的人。（林前 6:19）
5) 凡看见妇女就动淫念的，这人心里已经与她犯奸淫了。（太 5:28）
6) 人若引诱你，你不可随从。（箴 1:10）
7) 我怎能作这大恶，得罪上帝呢？（创 39，9）
8) 求你为我造清洁的心，使我里面重新有正直的灵。（诗 51:10）

习 作

I 细读本课教义问答复习。
II 熟记并学习应用所有引证经文，或下列的经文 No...... 。
III 教义问答 － 温习要道一（第一条并解释）。
IV 圣经书卷名称 － 四卷传记和一卷历史。

第七课

第七条诫命

你不可偷盗。

> 我们应当敬畏亲爱上帝，因此就不窃取，
> 也不以假货或用奸诈手段骗取人的财物。
> 但要帮助他保存，增进财物和事业。

私人所有　闲人勿进

世间万物，原属上帝，祂照己意分给众人，或多得或少有都在乎祂。说人拥有财物，实际上是不错，但事实的真象是神拥有，人受惠因人只不过是受托的管家，财产的代理管理上帝的资源。

　　人可以随己意使用上帝给他代管和供给他的财物，只要不与那真正主人的意旨有所抵触。人可以作买卖换物，保存或捐赠等等。他不敢超越他与邻舍间的界限，邻舍所得的财产是否用正当手段与他人无关，我们不必过问。只要知道不是我们的就够了。第七条诫命说："私人所有，闲人勿进。"

上帝晓谕：
要我们彼此尊重：

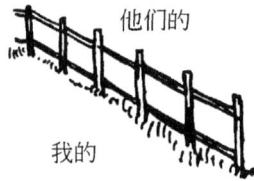

他们的

我的

不可　不可

各种偷盗的方式：
(1) 抢夺是藉武力偷盗，如用手枪、黑棍、沙袋、爆开保险箱。往耶利哥的路上落在强盗手中的旅客。（路10:30）
(2) 偷窃就是用诡诈的方法偷盗，扒手、偷货、少找零钱、顺手牵羊、偷食母亲的饼乾、在工作岗位上偷懒。基哈西之例（王下5:20-24），逃税。
(3) 高利贷。不合理的高价也是偷盗的一种。高息放债、高利贷、奸商获利、给雇工过低的工资等。
(4) 欺诈是用假货当真或以不公平交易的方法骗取财物。例如：掺水牛奶、假底鞋、以苣菊茶当咖啡、棉绒作天鹅绒、人造牛油当真牛油、绵织物当羊毛衣。不公平交易，如轻秤短尺、细法码等（利19:35）欺骗。
(5) 贪利是偷盗的欲念。想藉他人身上取利，赌博是想不劳而获的贪念。

(6) 嫉妒是对他人的财物或快乐眼红。

(7) 与盗贼交接分赃也是偷盗。（箴 29:24）亚干一家（书 7:20-22）

(8) 怠惰、游手好闲。"若有人不肯作工，就不可吃饭。"（帖後 3:10）

(9) 夺取上帝的物（玛 3:8）"人岂可夺取上帝之物呢？你们夺取我的供物，你们却说，我们在何事上夺取你的供物呢？就是你们在当纳的十分之一和当献的供物上。"

公义的报应

现在和将来

(1) 天下盗人者，人亦盗其财。

(2) 对著不义之财，心有不安。

(3) 查获拘捕和审判。纽约法庭和被称为"坟墓"的监狱有一条桥相连，这条桥叫做"嗟叹桥"。

(4) "奸诈人的道路，崎岖难行"（箴 13:15）。害人终害己，犯罪得不到好结果。

是的，是的

帮助人改进和保存他的物产和事业。

(1) 藉指导和鼓励帮人改进，不是要你做公司的敲槌人，但要终於职责，在可能范围内提供贷款。

亚伯拉罕让罗得先选择（创 13:9），约瑟指点他的弟兄在法老面前如何应对就可以得著歌珊地安居。（创 46:31-34）

在维登堡有一个学生没有钱回家，最後他来问路德借钱，但路德当时身无分文，"上帝啊，我到那里才可以得到帮助呢？"路德的目光投汪在一个镶金的大银杯上，那是最近一位爵士送给他的，他就将那银杯给了那学生作为他归家的旅费。

(2) 保护物产，免受火灾和各种恶意破坏的行动，诸如打破玻璃窗、把教会的诗歌本撕破、践踏草地、万圣节的恶作剧。

$100 赏金：如有人能将损毁或破坏此地者捉拿定案，可领 $100 赏金	勿踏草地 勿摘花卉 不准在此玩球

你有否时常帮助他人？

你曾否偷窃，或有偷盗念头？有无借而不还？如果你有的话，你在神的眼中是一个贼。

赞美诗：441, 438, 443, 440, 395（第五节）

> 愿我银钱为主用
> 分文都为主奉献
> 愿我善用我智力
> 合乎救主圣旨意　400,4

祈祷：

> 上帝啊，你叫我们不可怠惰，求你施恩教导我们在凡事上运用我们的聪明才智，叫我们凡所作的都能尽力，并能荣耀你的圣名，奉圣子我主耶稣基督名求，阿们。

读经

课题重点

林前　6:20	....
约　12:1-8	....
王下　5:20-27	....
路　19:1-10	....
利　6:1-7	....
创　13:1-12	....
林前　16:1-3	....

教义问答复习

(1) 上帝在第七条诫禁止什么？　上帝禁止我们拿取他人的财物，或以假货换真和用诡诈手段骗取利益。[1]

(2) 谁才是一切财物的真正主人？　一切都为上帝所有。

(3) 这样我们对财物的关系是什么？　我们是管家。

(4) 管家是什么？　管家是一个管理主人财产的代理人。

(5) 我们要照著上帝的旨意使用祂所赐的资源，为什么这样是如此重要呢？　我们到来日交账的时候，要报出我们怎样运用祂的恩赐。

(6) 我们使用上帝的恩赐，其目的何在？　目的是维持我们和亲属的生活，也帮助贫穷的、有需要的教会和传道机构。[2] [3]

(7) 对管家所求的是什么？　"所求於管家的，是要他有忠心。"（林前 4:2）

(8) 谁是不忠心的管家？　吝啬家、浪费者、游手好闲的、好赌的[4]、和那些不按自己所得的才能、物力支持教会的。

(9) 那些类形的偷盗是被禁止的呢？　从家中、学校、教会、商店或他人拿取不属自己的东西，收买或隐藏赃物，借而不还。欺骗、毁坏财物与盗贼交接。[6)]

(10) 我们若曾偷盗应该作什么？　我们一定要认错，将赃物归还原主，并立志再不偷窃。

(11) 为什么我们要留意连最小的事物都不能偷取呢？　小恶开始，大恶结尾。

(12) 我们对邻舍有什么责任？　帮助他保存改进财产和事业。

引证经文

1) 从前偷窃的，不要再偷，总要努力，亲手作正经事，就可有馀，分给那缺少的人。（弗 4:28）

2) 有求你的，就给他，有向你借贷的，不可推辞。（太 5:42）

3) 怜悯贫穷的，就是借给耶和华，他的善行，耶和华必偿还。（箴 19:17）

4) 若有人不肯作工，就不可吃饭。（帖后 3:10）

5) 恶人借贷而不偿还。（诗 37:21）

6) 人与盗贼分赃，是恨恶自己的性命。（箴 29:24）

习　作

I　细读本课教义问答复习。

II　熟记并学习应用所有引证经文，或以下所列经文 No.......... 。

III　教义问答 － 第一条并其解释（至"身体和生命"），（第二条，并解释）

IV　圣经书卷名称 － 罗马书至歌罗西书。

第八条诫命

你不可作假见证陷害人。
　　我们应当敬畏亲爱上帝。
　　　　因此就不至用诡诈骗人，揭发人的隐私，
　　　　　　背後毁谤人、损坏人的名誉，但要为人辩护，
　　　　　　　　表扬他的长处，用善意解释一切的事。

一个好名誉 不可涂污毁谤	第五条 - 保护生命 第六条 - 保护家庭的生命 第七条 - 保护财产 第八条 - 保护名誉

　　生命、家庭生命、和财产是生活享受上的需要，好的名誉亦然。为保障名誉，上帝颁下第八条诫命。

　　有一天一个国王要他的聪明的臣子将一条被宰杀的牛最好和最坏的部份送上来给他，结果这个臣子就将牛的舌头呈上，因为它是整条牛身体最好，同时又是最坏的部份。雅各书3:9里说：「我们用舌头颂赞那为主为父的，又用舌头咒诅那照著上帝形像被造的人。」

　　舌头虽小，却是最难制伏，我们可以用嚼环使马顺服，也可用小小的舵驾御被巨风催逼的大船，但是舌头却没有人能制伏。

　　"看啊，星星之火，可以燎原。" 因为一条牛踏倒了一盏灯，结果可使芝加哥付之一炬。

　　说话有如将一块石头抛下水中，引起了一大圈圈的涟漪，不断的向外扩大。

　　乌鸦的故事："庄先生吐出了三只乌鸦，其中一个说 '不是的，只有二只'，'不，只有一只。' 都不是，他吐出的黑得像乌鸦吧了。'

　　被盗的东西可以送归原主，但是名誉被毁谤之後，却不一定可以讨回清白。一个诽谤人的人比贼还差劲。

　　一言已出，驷马难追。要收回已出口的话，比从爆开了的毛枕检回绒毛还要难。

注意，注意！

守住
　　你的
　　　　舌头

　　　　(1) 在法庭上
　　　　(2) 在日常的交谈中

I 在法庭上的假见证。

法官作出不公正的裁判 — 彼拉多。

隐藏事实，颠倒是非的证人。如那些针对耶稣作假见证的人。（太 26:59-61；针对拿八、王上 21:13）

接受贿赂的陪审员。犹太公会。

有些律师虽然明知他的客户有罪，但在法庭上仍用伪证，假口供为他辩护。

II 日常生活中的假见证。

不可用诡诈的心。

欺骗 — 妄论、隐实、基哈西、王下 5:22, 25。

出卖 — 揭发人的隐私，大利拉向非利士人出卖参孙。（士 16:18）
犹大出卖耶稣。（太 26:14-16）
国王斯基士蒙地答应授与约翰哈斯通行护照，後来却出卖他。
查理五世却坚持不出卖路德。

诽谤 — 散布恶性谣言，押沙龙、撒下 15:1-6。

毁誉 — 毁坏人的名誉和好名声。

去做，去做

但要

为他人辩护，特别是他不在现场的时候，不要听信谗言，耳朵也和舌头一般会犯罪。路德说：「撒旦在诽谤者的舌头上，也在听者的耳朵中。」

但要

表扬他的长处，指出他的优点。约拿单指出大卫的好处，撒上 19:4，众人说百夫长的好话。路 7:4,5。

但要

用好意解释一切的事物，以在不违背事实的原则下替他说好话。

各种谎言：社交上、商业上、广告上、职业上或善意的？

亚力山大大帝听到有人作出控诉时，他用手将一只耳朵盖起来，说是为不在场的人保留。

一次有一个妇人来到忽得烈大帝面前控告她的邻居。国王说：「这事与我无关。」妇人却回答说：「陛下，但是他在你背後说你的坏话。」国王却说：「这个与你无关。」杂谈饶舌者有喜欢闻风传舌，讲无根据的谣言，喋喋不休。嫉妒为谣言之母。

我们 自己 的错		别人 的 错
我们将自己的错，虽然装满了一大袍袱，又大又重，而我们却将它背在後面，所以看不见。		装著别人的错的那个袍袱，虽然比较小，但是我们将它挂在胸前。所以我们很容易看见别人的错。

无可否认的，我们没有一个人完全遵守了这条诫命。我们的耳朵时常发痒，总是想听到有关别人的坏话，我们的舌头也常喋喋不休地说人闲话。因此我们在上帝的眼中都是罪人。

基督以祂神圣的默静，为我们"多言"的罪过做出赎价，让我们来学习基督的金言一 沉默是金。

赞美诗：395, 392, 416, 36

主请禁我唇舌，不是真言不说
闲言闲语传舌，勿从我口讲说
若我应该发言，助我慎言合时
善词中肯有力，谦和劝勉合宜　395,3

祈祷：

全能的上帝啊，你为我们赐下了真理的灵，领我们进入一切的真理。求你用你的大能管治我们的生命，使我们的思想、言行都合乎真道。仁慈的救主啊，求你施恩保守我们，叫我们不会因恐惧或欲望陷入虚 伪的言行。从我们当中移去谎言妄论，好让我们在你的真理中得著完全的自由。奉圣子我们的主耶稣基督的名求，阿们。

读经

课题重点

王上	21:1-16	....
撒上	22:6-19	....
太	26:59-61	....
撒下	15:1-6	....
雅	3	....
撒上	19:1-7	....
路	7:4, 5	....

教义问答复习

(1) 上帝在第八条诫命中禁止我们什么？ 上帝禁止我们作假见证陷害人。

(2) "作"是什么？ "作"是陈述的意思。

(3) "作见证"是什么意思？ "作见证"就是传述给人（告诉听众）我们的所见所闻。

(4) "作见证"是一定不对吗？ 不一定。

(5) 何种的"作见证"是错的呢？ 作假见证是错的。

(6) 我们何时算是作假见证呢？ 当我们以用诡诈骗人，出卖、诽谤或中伤他人的时候。

(7) 如何才算是妄论人？ 就是讲说有关人的谎言、或故意不说出事实的真相。1)

(8) 如何算是出卖人？ 揭发他人的隐私去伤害他。2)

(9) 怎样算是诽谤或毁坏他人的名誉？ 撒播流言，中伤他人。3) 4)

(10) 作假见证伤害人的罪行最常见发生在何处？ 在法庭和日常的交谈对应中。

(11) 我们对他人的责任该是什么？ 为他辩护，表扬他的长处，并以好意解释一切的事。

(12) 何时我们为他人辩护呢？ 我们挺身替他人说话，尤其是当他不在现场的时候。

(13) 何时我们表扬他的长处呢？ 当我们指出他人的好处和善意时。

(14) 何时我们算是用好意解释一切的事呢？ 当我们的解释对他人有正面的果效时。5)

引证经文

1) 作假见证的，必不免受罚。（箴 19:5）

2) 往来传舌的，泄漏密事；心中诚实的，遮隐事情。（箴 11:13）

3) 弟兄们，不可彼此批评。（雅 4:11）

4) 你们不要论断人，就不被论断。你们不要定人的罪，就不被定罪。（路 6:37）

5) 爱是凡事相信，凡事盼望，凡事忍耐。（林前 13:7）

习　作

I　细读本课教义问答复习。

II　熟记并学习应用所有引证证经文，或下列经文 No.........。

III　教义问答 － 使徒信经第一段从头到尾。（第三段并其解释）

IV　圣经书卷名 － 帖撒罗尼迦书至希伯来书。

第九条诫命和第十条诫命

你不可贪恋他人的房屋。

我们应当敬畏亲爱上帝，
　　　因此就不用诡诈图谋他人的遗产或房屋，
　　　　　也不冒充有理，据为己有。
　　　　　　但要帮助保存他的所有。

你不可贪恋人的妻子、仆俾、牲畜，
　　　　　　并他一切所有的。

我们应当敬畏亲爱上帝，
　　　因此就不离间，勾引、强夺人的妻子、仆俾、或牲畜等。
　　　　　但要劝勉他们，安分守己，行其所当行的。

当心古龙

贪欲

贪恋就是"想得著"

　　希望得著一些属灵的甚至世俗的祝福，并不是错的。但如果去贪恋那本非为我们所属，也非为我们所该有的就错了。把自己的欲望建在他人的牺牲上是错误的。

　　亚哈想得著拿伯的葡萄园那种愿望的本身并不是错的。但当拿伯郑重地拒绝出卖他祖先所留下的产业时，亚哈仍不放手，想贪图占为已有就犯了大错。亚哈说：「无论如何，我想得著那葡萄园。」他等於在说：「正当方法买不到，我则会不择手段。」（王上 21:1-16）

　　大卫王想得一个妻子并没有错，但当他想得到别人的妻子时，那就错了。这样是贪恋，是贪欲。（撒下 11:2-4）

　　保罗被监禁在罗马时希望有一个仆役服侍他，代他办差。但保罗并没有想占有阿尼西母，因为他知道阿尼西母是属於腓利门的奴仆。因此保罗将阿尼西母送还给腓利门，保罗於是扼杀了那条贪心欲得的龙！参读腓利门书。

这两条诫命提醒我们

(1) 贪心的欲念（恶念）真是罪。
(2) 我们应该将我们心中这条贪心欲得的龙制伏扼杀。

一个个人的问题：你是否已体会出要完全遵守律法是多么困难，不可能呢？单是一个恶念，就算永不行出来，已经是犯罪了！

恶念	扼杀之

诫命的结语

上帝藉这些诫命在说什么呢？

祂是在说：「我耶和华你的上帝是忌邪的上帝，恨我的，我必追讨他的罪，
自父及子，直到三、四代。爱我守我诫命的我必向他发慈悲，
直到千代。」（申 5:9）

这又是什么意思呢？

上帝警戒要惩罚凡干犯祂诫命的人。
所以我们应当惧怕祂的愤怒，不可触犯祂的诫命。
祂应许施恩和赐一切福气给凡遵守祂的诫命的人，
所以我们要亲爱信赖祂，甘心乐意遵行祂的诫命。

如果你违背 { 父母 / 政府 / 上帝 }　结果如何？ { 愤怒 / 刑罚 / 死亡 }

上帝是忌邪的上帝

意思是：

祂坚持要得到完全的顺服

例子 — 如果你的父亲对你说：「你要做这个。」你没有照著做，然後告诉父亲说这是因为你的玩伴说你不需要做 — 你的父亲会说什么呢？他会说：「你的玩伴有什么权利来干涉我呢？我不是你的父亲吗？不是我供养、保护、指引、教导、扶持你吗？你是要对我负责任的，你了解吗？这个父亲对他的权益"忌邪" — 他坚持完全的顺服。

所以上帝不要我们做恶人和撒旦叫我们所做的。祂坚持要我们顺服，因为祂是我们的创造主、保守者、我们的救主，也使我们成圣。我们是属於祂的。

追讨罪债

意思是：

上帝惩罚罪恶

如果孩子也恨恶上帝，他们会因父亲和自己的罪而受苦。

注 — 比如说有两个儿子，一个奸恶，另一个敬虔。两个在世上都有苦难，对奸恶的儿子来说，他的苦难是惩罚，但对敬虔的儿子来说，他的苦难是磨链，是给孩子的训练。

你宁愿
选
什么？

这水是毒品 — 死亡

这水是好的 — 生命

生
命

毒品

死鱼

违反律法 — 死亡

遵守律法 — 生命

赞美诗：53, 608, 610, 399

> 愿我志气为主用
> 今後私意永不纵
> 什愿我心为主备
> 长作救主宝座位　400,5

祈祷：

> 全能的上帝啊，赐我力量和恩典，
> 叫我能因别人的聪明、能力和成功而快乐。
> 藉那为朋友舍命，我们的救主耶稣基督的名求，阿们。

读经

课题重点

撒下　11:2-4	....
撒下　15:1-6	....
腓利门书	....
太　6:19-23	....
创　19	....
路　19:41-44	....
太　7:24,25	....

教义问答复习

(1) 上帝在第九条和第十条诫命中禁止什么？　上帝禁止我们贪恋。

(2) 贪恋是什么意思？　贪恋就是"想得著的欲念"。

(3) 想得著一定是错误吗？　不是，但是如果因为我们的贪恋而使他人蒙受损害，就是错误。

(4) 举例说明那些是我们不能使他人蒙受损害而得到的？　例如他人的房屋、妻子、仆俾、家畜和个人产业。

(5) 为什么上帝禁止我们贪恋呢？　祂要我们满足於祂所赐给我们的。[1]

(6) 那种心态会带来平安的心境呢？　敬虔、圣洁、知足会带来心中的平安。

(7) 当上帝说：「你不可贪恋。」祂在教导我们什么呢？　祂要我们心中不存恶念，只能让圣洁的念头存於心中。[2] [3] [4]

(8) 当我们不能得著别人拥有的东西时，我们不应有何态度？　我们不应嫉妒。

(9) 当上帝赐给别人物质上的丰富时，我们应该抱何种态度？　我们应该替他高兴，帮助他享用上帝所赐的祝福。

(10)我们应该从何处得著我们的大喜乐呢？ "要以耶和华为乐，祂就必将你心里所求的赐给你。" 4)

(11)十诫的总结包括了什么？ 一个警戒和一个应许。

(12)上帝对不遵守诫命的人有何警诫？ 死亡和咒诅。6) 7)

(13)上帝为什么有如此严重的刑罚？ 祂是忌邪的神，所以祂坚持要我们完全的顺服。

(14)上帝对遵守诫命的人有何应许？ 施恩赐福。8)

引证经文

1) 只要有衣有食，就当知足。（提前 6:8）
2) 若非律法说：「不可贪心」我就不知何为贪心。（罗 7:7）
3) 你们要圣洁，因为我耶和华你们的上帝是圣洁的。（利 19:2）
4) 又要以耶和为乐，祂必将你心里所求的赐给你。（诗 37:4）
5) 要用爱心互相服事。（加 5:13）
6) 罪的工价乃是死。（罗 6:23）
7) 惟有犯罪的，他必死亡。（结 18:20）
8) 惟独敬虔，凡事都有好处，因有今生和来生的应许。（提前 4:8）

习 作

I   细读本课教义问答复习。
II 熟记并学习应用所有引证经文，或下列经文 No.......... 。
III 教义问答 － 使徒信经第二段并其解释（至 "受苦和死亡"）（复习要道二）。
IV 圣经书卷名 － 雅各书至启示录。

第十课

谁能守全律法？

没有一个人

你会常常听人说：「我不需要去教会，我不需要基督，我相信如果我凡事按正途而行，就足够了。」

当然，如果能如此是足够了。但问题是 — "他们能够做得到吗？"

你刚读了十诫，你认为如果你尽力而为你可以完全的遵守吗？假如你把自己锁在一个小房间里与世隔绝，是否就可以逃避不犯罪呢？

为了使你看见靠守全律法而得救的困难，让我提醒你凡遵守全律法的，只在任何一条诫命上跌倒，他就是犯了众条诫命呢。（雅 2:10）

律法好比一幅画，如果在上面画上一条线，整幅画就被毁坏了。

律法像一条链子，试想如果你是从采石场被拉上来，吊在一条链子上，离地五十尺在半空中摇摆著，只要链中的任何一环折断了，後果会如何呢？

问题是当人说：「我不需要基督」时，他是将自己与别人比较，因为他认为比起某某人他是胜过有馀，在他的想像中他是理应承受上帝的祝福。其实他应将自己和上帝的圣洁来比较，那他就会自然呼出：「上帝呀，开恩可怜我。」

法利赛人就是犯了这样的错误，喜欢将自己与他人比较，对上帝说：「上帝，我要感谢你，因为我不像其他人一样。」然而，那个税吏在圣殿中感觉到圣洁的上帝的临在，从心灵里发出呼声：「上帝啊，开恩可怜我这个罪人！」

一根点燃的火柴在黑暗中非常明亮，但在大日光之下看起来像是熄灭了一样。在这个黑暗的世界里，我们的行为看起来也许是明亮的，但在上帝完全圣洁的光照中看起来，不外是污秽的烂布而已。

既然无人能守全律法，那为什么要律法呢？难道只是为了要嘲弄我们吗？不是的，律法是有其功能的。简言之，律法有下列三层面的功能：如马勒、如镜子和戒尺。

律法之功能

如马勒 — 马勒是缚在马口中嚼环上的链子或环带，用来控制使马顺服。当美国西部还未开发时，人人持械以自卫，开枪斗械时时分生。後来政府推行法纪，人们因怕受到刑罚於是开枪斗械之事渐减。律法阻止了严重罪案的爆发，所以律法的红灯在说：「奉律法之名 — 停止。」

镜子 — 用镜子可以看出我们的面孔是否肮脏。律法可以显出我们的心充满了罪恶的污染。"若非律法说，不可贪恋，我就不知何为贪心。"（罗 7:7）"因为律法本是叫人知罪"。（罗 3:20）

戒尺 — 律法使我们知道何种行为会蒙上帝悦纳，我们无需虐待自己将豆子放鞋内，或者学路德去修道院吃苦修行，但是我们要遵守诫命。很多竞技运动都有一定的规章，律法可以说是基督徒生活的规章。

指标

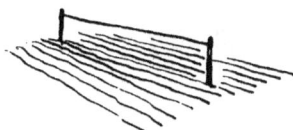

律法也是一个指标，在早期开拓时代，美国西北部达科塔州的荒僻地区，每当冬天大风雪的时候，农夫就用一条绳子从房子拉到马房缚著，作为白雪茫茫中往返马房的指标。同样律法是基督徒人生道路上的指标 "你的话是我脚前的灯，路上的光。"（诗 119:105）

"我们相信，也如此教导并承认，当信徒真心相信基督，在基督里他们已从律法的束缚和咒诅中被释放出来，但是他们不能因此就对律法置之不理。相反的，他们得蒙神子耶稣的救赎，他们更应日夜行在律法之中……

"因为虽然他们是真正已得著重生，他们的心灵也已经得了更新，但这种更新和新的生命在这世上还不完全，只是一个起步而非终点……，还需要藉著上帝的律法时刻照明他的道路……

"一个真诚的信徒，带著顺服的心，只要他已经重生，他应该可以永无惧怕地行在律法中。"协同式概要，（六，2, 4, 7）

罪

罪的起源

魔鬼最先犯罪
魔鬼也诱惑人类堕入罪中（创3:1-7）

罪的不同定义

什么是罪？

(1) 罪是没有射中目标。

有一个射手对准了一个靶子射箭，他张紧弓放了一箭破空而去，但没有射中标的 — "罪过"希腊人会说"没有射中目标。"

上帝给我们的"标的"就是完全。"你们要圣洁"，"你们要完全"，任何的偏差
都是罪 — 不中的，罪当你用英文说罪时，你能听到蛇魔的声吗？

(2) 越界 — 走过界。

（约壹3:4）

禁 止 跨 越

(3) 不正 — "不平"凹凸不平，

我们每人都是建筑师，建造一栋生命的楼房，通常称
为品格有正直的或是弯扭的。每一个思想言行就像是一块块的砖头，在这栋楼房的墙上，律法好像是准绳，显出我们所建的是怎样的楼房，你生命的楼房是否正直？

或者我们可以再作一个比喻，我们的人生好比一条平坦的道路，没有任何损坏、冲破、凹陷、凹凸不平，整条路都均匀坦平，任何损破会使路面有所"不平" — 不符合坦平的规则，你想你的人生是否像一条石舖的坦平道路呢？

(4) 品行不端 － 扭曲、迂折、转开、退却。

这词提醒我们，人品应该是一条行为正直的道路；没有弯曲或转折，若有偏离，或左或右，都是不端。你的人品有无这种曲折呢？

(5) 狡猾 － 鬼崇、阴险、诡诈、表里不一。

(6) 犯法是罪 － 约壹 3:4 。

怨言、反抗、争论、哄闹、憎恶、冲突 ---- 这些都是有违上帝的律法，对祂旨意的反抗，武断或任性。

犯罪 － 我在罪中

罪的刑罚 － "罪的工价乃是死。"

　　罪和死亡实在是同一件事的两个不同的阶段。
　　罪是死亡的开始，而死亡是罪理所应得的结果。
　　罪是死亡的青苗，死却是罪熟烂的结果。
　　罪是种子，死亡是那子所结的果子。
　　罪是与上帝隔绝，犯罪的人都与上帝隔绝，死亡，堕入死亡掌权的地
　　　　方。就是地狱。
　　地狱就是一个灵魂灭亡的地方，在那里上帝被排除在外。
　　罪的工价乃是死，灵魂的死，现世的死，以致永恒的死。

两种的罪：

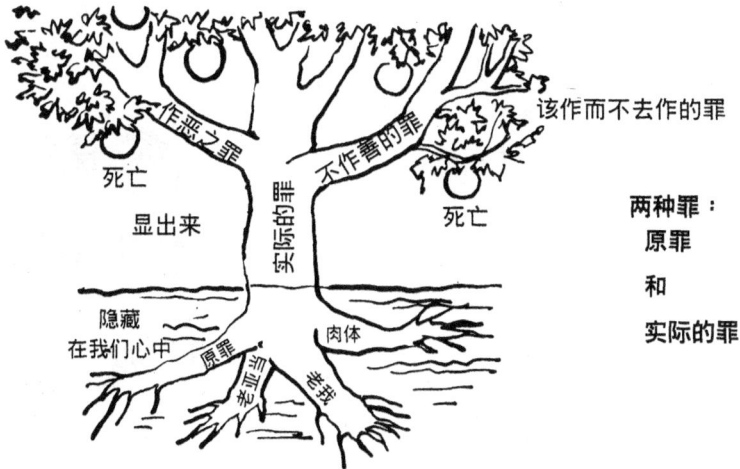

死亡　作恶之罪　　不作善的罪　该作而不去作的罪
显出来　　实际的罪　死亡
隐藏　　　　　老亚当　肉体
在我们心中　原罪　　　天性

两种罪：
原罪
和
实际的罪

得救而免於犯罪

如何得著？

假如我们可以完全遵守律法，我们也就可以因著遵行律法，因著我们的善行人品而得救。耶稣本人不需要一位救主，因为他守全了律法。

然而，我们既不能守全律法，我们就不能因遵行律法而得救。

这样我们怎样得救呢？我们是藉耶稣得救，因为祂已为我们守全了律法（注：以後我们将更强调祂为我们而死的事实。）

举例 — 一位父亲对他的小儿子说：「你今天要把这树砍下来锯开，不然等今晚我回来时就要处罚你了。」

小儿子於是去砍树，但他不能做到，因为他太薄弱了。他的大哥哥看见了就对他说：「请你站开，让我来代你砍下这棵树。」哥哥就照办了。

等到父亲回来时，他是否还会罚他的小儿子呢？不会的，因为他的命令已被遵行了，虽然是哥哥替弟弟实行的。

同样，天父对我们说：「你要......」和「你不要......」，我们就试著遵行，但是我们太无能，太软弱了。所以我们的兄长耶稣基督看见就对我们说：「请站开一边，让我来为你做这些。」他就如此行了。

这样到日期满足，上帝还会惩罚我们吗？不会的，因为耶稣已替我们守全了律法。

所以我们是藉那为我们守全了律法的基督而得救，祂的公义像一件白袍加在我们身上。

**耶稣，你的宝血和公义
是我的美善，我荣耀的外袍。**

诗歌：289, 295, 281, 279, 277, 297。

律法诚命使我知道
向神负责我要遵守
喜幸福音今来启导
赐我能力行祂旨意

祈祷：

啊主，在你圣洁的眼中全无义人，你若向不义的人发出烈怒，谁能站得住呢？

求你不要向你的仆人施行审判，因为在你眼中无人可称义，因为你知道我们的愚昧，我们的罪过向你显露。但主啊，你满有恩慈和怜悯，不轻易发怒，充满仁慈。我们敬畏你，向你呼求，你就赦免我们。求你洁净我们隐而未显的罪，救我们脱离罪恶，求你进入我们的心灵，扫除我们一切的不义，救赎我们的灵魂。奉你的圣名，阿们。

读经

课题重点

创 3:1-7	....
创 5:3	....
提前 1:5-11	....
罗 6:12-23	....
路 12:35-48	....
加 3:1-13	....
罗 5:12-21	....

教义问答复习

(1) 上帝要我们如何顺服？ 完全的顺服。[1] [2]

(2) 谁能守全上帝的律法呢？ 没有一个人。[3] [4]

(3) 这样，为什么要有律法呢？ 因律法有以下三方面的功能：律法的功能有如马勒；像一面镜子；又如一把戒尺。

(4) 律法为什么像马勒呢？ 律法可以阻止严重犯罪案件的爆发。

(5) 律法为什么像一面镜子呢？ 律法让我们看见我们内心的污秽。[5]

(6) 律法为什么像戒尺呢？ 律法让基督徒知道那些诫命可以引导我们过日常的基督徒生活。[6]

(7) 如果我们不遵守这些规条，我们就犯了什么 ？ 我们就犯了罪。

(8) 罪是什么？ "违背律法就是罪。"（约壹 3:4）

(9) 罪有那二种？　原（遗传）罪和实际的罪。

(10) 原罪是甚麼？　原罪是我们一生出来就有的罪性。[7]

(11) 什么是本罪？　本罪就是在心思、意念、言语、行为上违背上帝律法的一切动作。[8] [9]

(12) 罪的工价是什么？　罪的工价乃是死。（罗 6:23）

(13) 研读上帝的律法会使我们确信什么呢？　使我们体会到我们不能守全律法，所以我们是堕落被判死罪的人。[10]

(14) 那你是否相信你是一个罪人呢？　是的，我相信，我是一个罪人。

(15) 你怎什知道的呢？　从十诫，我并没有完全遵守。

(16) 你是否也为你的罪忧伤呢？　是的，我因得罪了上帝而忧伤。

(17) 你因罪应从上帝受著什么呢？　我现在到将来都应该因罪受刑罚。

(18) 你也希望能得救吗？　是的，我抱此希望。

(19) 那你要信靠谁呢？　我要信靠我亲爱的主耶稣基督。

(20) 谁是耶稣基督？　耶稣基督是真神，完全人，我的救主。

(21) 基督做了什么而使你得救呢？　祂为我守全了律法，也为我死在十字架上。[11]

(22) 基督如何使你在上帝面前得称为义呢？　祂的义就好像一件白袍子加在我身上。

引证经文

1) 所以你们要完全，像你们的天父完全一样。（太 5:48）
2) 凡遵守全律法的，只在一条上跌倒，他就是犯了众条。（雅 2:10）
3) 时常行善而不犯罪的人，世上实在没有。（传 7:20）
4) 我们都像不洁净的人，所有的义都像污秽的衣服。（赛 64:6）
5) 律法本是叫人知罪。（罗 3:20）
6) 你的话是我脚前的灯，是我路上的光。（诗 119:105）
7) 我是在罪孽里生的，在我母亲怀胎的时候就有了罪。（诗 51:5）
8) 私欲既怀了胎，就生出罪来。（雅 1:15）
9) 人若知道行善，却不去行，这就是他的罪了。（雅 4:17）
10) 没有一个人靠著律法，在上帝面前称义。（加 3:11）
11) 基督既为我们受了咒诅，就赎出我们脱离律法的咒诅。因为经上记著说：「凡挂在木头上的都是被咒诅的。」（加 3:13）

习　作

I　细读这章的教义问答复习。

II　熟记并学习应用所有引证经文，或以下所列的引证经文 No..........。

III　教义问答 － 信经第二段，从头到尾（主祷文 － 我们的父 ...... 第一段祷告）

IV　圣经书卷名 － 复习新约圣经。

第十一课

信经

信经是陈述我们所信的总纲。

信经可以比作教会的旌旗。我们学习信经的目的是要我们成为手持教会旌旗的旗手，我们念信经等於向教会的旌旗致敬效忠。教会旌旗有三种色彩，信经也分为三段：蓝色 — 父神的信实；真蓝色，红色 — 救主赎罪的宝血；白色 — 使我们得以成圣的圣灵的能力。

使徒信经

基督教信经中以使徒信经最为人所知，这个信经陈述了使徒们的基本信仰。

传说五旬节後不久，使徒门起草信经，每个使徒作一句，所以在中古时期，使徒信经也称为"十二"条款。究竟使徒信经是否十二使徒所作，已无从考证，但我们知道使徒信经涵盖了使徒们的信仰，因为我们可以从新约里的书信中找到这些信仰的声明。

使徒信经历史悠久，从圣经和早期教父们的写作我们知道，信徒受洗前必先承认他们的信仰，简述他们所信的创造主上帝，救主耶稣和使我们圣洁的圣灵。无疑的一些类似我们今日所用的信经必然很早就广被采用，信经也可说是洗礼用的三位一体信仰公式的扩大，英文信经 *Creed* 是从拉丁文 *Credo* 而来，就是我信的意思。

第一段

创造

我相信上帝，全能的父，创造天地的主。

这是什么意思？

我相信神创造了我和万物，赐我身体灵魂，耳目和百体，我的理性、官感，保守一切得以存留。又赐我衣履、饮食、屋宇、妻子、儿女、田地、牲畜和一切的财物。丰足的供应我日常生活所需，养活我的身体生命。防守一切危险，并在一切凶恶中庇护保佑我，而这一切都是出於父神祂的慈爱和怜悯，并非因我有甚什么功劳

67

或有所配得的地方。为了这一切，我应当感谢、颂扬、事奉、顺服祂，这话是实实在在的。

我

我们说"我相信"，因为没有一个人可以靠著他人的信心得救，每个人都需要自己相信，才可以得救。

我们不能替别人食、睡或学习。同样，我们也不能替别人相信。

或有人说，"但是我的母亲是一个真基督徒。"朋友，这样於你是无助的，因为蒙恩得救是一件个人的事情，你必须能够说："我相信。"

相信

相信就是"信靠" － 以神的话为真实的。

换言之

相信是　　"用你的理智"明白

　　　　　"用你的嘴唇"认同

　　　　　"用你的心"信靠

信心的敬礼 － 以手触你的眉毛、嘴唇和心。

举例 － 我知道华盛顿是真有其人，我认同这个事实（历史事实）。但是我能相信他而得到救恩吗？

我明白救生带，也认同它救生的功用。但我不愿依靠它而得安全，这算得是信任吗？

我知道耶稣的生死历史，也同意历史中真有其事（对历史信服，魔鬼也这样相信）。可以得救的信仰要多走一步，我们要藉著这个历史的结果，赖以得救。

所以信心的最重要部分，不单是知道和同意，乃是要信靠。

真信靠就是对神的话和应许有完全的信靠，若依靠任何其他事物就是迷信，而不是信心。

或者有人说，你相信什么无所谓，只要是你肯相信就够了。这话若是当真，我们不是也可以说，"你吃什么都无所谓，只要你吃就是了。"

圣经告诉我们"人如其思"，你怎样想，你就是怎样的人。信仰会带给你生命的色彩，也影响你整个的人生。

父神

三位一体真神的第一位，被称为父神，因为祂是：

1. 我们的主耶稣基督的父。

2. 所有人的父，因为我们都是一位上帝所造。（玛 2:10）

3. 在耶稣基督里所有儿女的父亲。（加 3:26）

我们是否可以谈及世人共有一父又有手足之情呢？还是圣经指的是基督徒的父和信徒之间的手足之情呢？

若非先有父子的亲情也就没有兄弟间手足之情了。

全能的创造主

祂被称为"全能的"和"创造主"，因为祂藉著祂全能的话从无造出万有。祂说话如同我们说话一般，祂说有什么就有什么，起初神创造天地。（而非从别物进化）

天地

天地就是一切看得见和看不见的受造之物。

被造之物可分为三个等级：

1. 有身体而没有灵魂 — 动物。

2. 有灵魂而没有身体 — 天使。

3. 有身体也有灵魂 — 人。

圣诗：**39, 13, 17, 19, 42, 43, 44**。

> 颂扬赞美主为全能永远荣光君王
> 主乃我们力量，救赎，应当颂美无疆
> 齐来归向，同声歌颂音嘹亮
> 天使天军众口称扬　39,1

祈祷：

> 全能的父神，我们赞美你，你创造有形和无形的万物，求你用你的大
> 能保守我们，帮助我们在日常的生活中行在你面前，得著父神你的保护和
> 看顾。奉圣子我主耶稣基督的名求，阿们。

读经

课题重点

诗篇	8	....
来	11:1-3	....
路	7:1-10	....
约	4:46-54	....
约	1:1-5	....
创	1	....
诗	95	....

教义问答复习

(1) 什么是信经？　信经是陈述我们所信的。

(2) 有那几种被普遍接受的基督教信经？　有三种，就是使徒信经、尼西亚信经（公元 325 写成）和亚他那修信经（公元 600）。

(3) 在什么场合，我们使用使徒信经？　在非节期聚会和圣洗礼时用。

(4) 通常我们在什麼时候使用尼西亚信经？　在节期和圣餐时用。

(5) 何时我们会特别选用"亚他那修信经"？　三一礼拜日。

(6) 为什么上述第一个信经被称为使徒信经呢？　因为它基本上涵盖了使徒的信仰。

(7) 为什么使徒信经被分为三段？　三位一体的每一位，就是圣父、圣子、圣灵都有一段。

(8) 信经所言及三位的主要工作为何？　圣父是创造之功；圣子是救赎之功；圣灵是圣化之功。

第一段

(1) 为什么说是"我"信而不是"我们"信呢？ 如想得救，我要自己相信。[1]
(2) 相信上帝是什么意义？ 相信上帝就是信靠上帝。[2]
(3) 为什么上帝被称为父神呢？ 祂是我们主耶稣基督的父，也是我们众人的父。[3][4][5]
(4) 为什么上帝被称为"全能的"和"创造主"？ 因为祂从无造出万有。[6]
(5) 天地是什么意思？ 天地就是一切看得见和看不见的受造之物。[7]

引证经文

1) 义人必因信得生。（哈 2:4）
2) 耶和华啊，我仍旧倚靠你，我说，你是我的上帝。（诗 31:14）
3) 因此我在你面前屈膝（天上地下的各家都是从你得名）。（弗 3:14,15）
4) 我们岂不都是一位父麽？岂不是一位上帝所造的么？（玛 2:10）
5) 所以你们因信耶稣基督，都是上帝的儿子（加 3:26）
6) 起初上帝创造天地。（创 1:1）
7) 万有都是祂造的，无论是天上的，地上的，能看见的，不能看见的。（西 1:16）

习 作

I 熟读这章的教义问答复习。
II 熟记并学习应用所有引证经文，或以下所列的经文 No..........。
III 教义问答 — 信经第三段（到"在一个真信仰"）（主祷文：第二和第三段祷告）
IV 圣经书卷 — 复习旧约中的书卷。

创造者之星

第十二课

天使
善良的天使

看不见的受造物之中，以天使最为尊贵。

(1) 天使是有位格的灵体。
(2) 他们是看不见的，但有时会暂时对人类显现，天使的画像只能象徵出他们某种的特性。例如翅膀代表他们行动的迅速，白衣代表他们的纯洁。天使有时描写为女性是著重他们的贞洁，有时却被描作男性，用以强调他们的英勇。
(3) 他们没有性别之分，无罪恶，也没有死亡，不嫁又不娶，数目众多，有分等级，有名字的，如天使长加百列和米迦勒。他们永远享受天堂的福乐。
(4) 他们的工作是执行上帝的命令，和服事基督徒，尤其是儿童（在圣经中可以找到很多这样的例子）。

邪恶的天使

所有的天使被造出来时都是圣洁的，撒但也曾经是高等级的天使。我们不知到底是什么原因使他们离开本位不守真理而至成为堕落的灵。

上帝没有创造魔鬼，是他们自己变成邪恶的。作为叛徒恶棍，他们已被上帝赶出天庭，再没有得救的希望。他们是活著的毒瘤，上帝和人类的敌人，幽暗世界的掌权者。

邪恶天使数目众多，他们狡猾且有大能。人靠自己的力量是不能胜过他们的，但是我们藉著那位比强者更强的耶稣基督的帮助，就可以胜过他们。

创 3:1-5 撒但将罪恶带进了这个世界，马太 4:1-11 耶稣用神的话来应付撒但的引诱。

人

在一切看得见的被造物中，以人最为尊贵，为什么呢？因为他有：

(1) 言语
(2) 理性：动物却只有直觉本性，虽然奇妙，却还无法做因果关系的推断辩论。
    举例 — 人可以生火，分裂原子，将生物带到太空去。
(3) 有不灭的灵魂。
(4) 人类的身体构造非常特别，人用两只脚行路，眼望天上，那才是他真正的家。

(5) 管辖所有的生物。（创 1:28）
(6) 人是照著上帝的形像，也就是照著祂圣洁的形像被造的。

上帝的形像

上帝的形像是什么意思？

亚当的心被光照，因此他认识上帝，也认识他自己和自然的奥秘。

他的意志和上帝的意旨是平行的

他的心爱上帝和良善。

但是

自从犯罪堕落之後，上帝的形像就失落了。时至今日。

我们的心已被蒙闭

我们的意愿与上帝的旨意相反

我们的心是邪恶的。

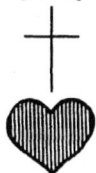

就是对於信徒来说，在地上存留的日子中，也不能完全重得已失去的上帝的形像，不能达到完全圣洁的地步，但已有新的开始。

但是将来到了天堂，我们原有的神的形像就会完全复原。

路德對信經

第一段的解释

上帝造了我 一

不是藉著进化，不是出於猿猴，我是一个堕落的圣人，而不是一个有教化的禽兽，是一朵凋谢的花，不是一根被栽培过的野草。

上帝赐给我身体和灵魂（两个不同部份），眼、耳（何等奇妙的结构），我全身百体，理智（思考的来源）和我所有的官感（听、视、味、嗅和触觉）。

祂保存我 一

我们要拒绝一个死的机械观。一个钟表匠造了一个时钟後，就不再理它。造船匠把船造好送入水就让别人去航驶。创造主却没有把世界宇宙当作玩具造好了就释手不理（第二次进化），或只偶然检阅修理一番。不是的，上帝以我的祸福为怀，尽力眷顾保存我个人的福利，祂供给我日常所需也赐我生活中的丰盛。虽然我需要工作才能得著这些，虽可说是我赚来的，但别忘记上帝赐我健康气力，技能和清醒的头脑才能得著这些。

　　一则故事 一 有一个人对一个孩子说："你从哪里得来的面包？""从面包师那买来的。""他从哪里得来的？""从磨面粉工匠得来。""从农夫得来。""从上帝得来 一""所以，你从哪里得来那面包？""从上帝。"

祂护庇我 一

在我的生命中没有一件事是出於偶然、凑巧的。因为一切事都在上帝的恩慈律法的管治下才发生，为甚麽呢？因为祂爱我，"这一切都全出於他为父神的慈爱……"作为回报，我应当感谢赞美祂（向他人传讲），事奉并顺服祂：

这是实实在在的。

圣诗: 254, 255, 256, 257, 40 。

　　求主每日差遣天使
　　随地保护带领路程
　　求主每夜差遣天军
　　环守床边赐我安眠

祈祷：

　　求主每日与我们同在，
　　工作游戏你不离开。
　　或是读书或是祈祷，
　　　　圣洁耶稣垂听同在。
　　当夜临安静要就寝，
　　天使天军环绕到夜深。
　　保守安宁无事到早晨，
　　　　圣洁耶稣垂听赐怜悯。　阿们。

读经

王下　19:35, 36 ....

徒　12:1-19 ....

犹　6 ....

创　19:1-16 ....

王上　17 ....

出　2:1-10 ....

诗　103 ....

教义问答复习

天使

(1) 在看不见的受造物中，谁最尊贵？　天使。[1]

(2) 当初上帝造天使时，天使是好是恶？　他们都是好的。

(3) 为甚麼有些天使变为恶天使呢？　他们叛离了上帝。

(4) 堕落的天使既是那恶的(The-evil)，被称为甚麼？　他们叫做魔鬼(d-evils）

(5) 魔鬼是上帝造的吗？　不是，上帝造的都是善天使。

(6) 这样有些善天使变为魔鬼是谁的错呢？　是他们自己的错。

(7) 恶天使想如何伤害我们呢？　他们引我们叛离上帝，诱我们犯罪。[2]

(8) 我们应该如何抵挡恶天使？　我们应该儆醒祷告，拒绝每一个试探。

(9) 试描述善天使。　善天使是可爱喜乐的灵。[1]

(10) 你对善天使还可以说些什么？　他们无罪，无男女之别，也无死亡。

(11) 善天使做些什么工作？　善天使服事上帝，基督徒，尤其是儿童。[3] [1]

(12) 为甚麼我们什至在黑夜独处也不害怕呢？　因为有上帝的天使随时看护我们。

(13) 如何祷告就可以有上帝的天使同在呢？　"天父啊，求你差派你的圣天使与我同在，使邪恶的敌人不在我身上有任何的权势。阿们。"

人

1) 在看得见的受造物中，谁最为尊贵？　人。

2) 为什么人在地上是最伟大的受造物呢？　主要原为他是照著上帝的形像被造的。

3) "人是照著上帝的形像被造的"又是甚麼意思呢？　人被造时是圣洁无罪的。

4) 我们还带有上帝的形像吗？　不，人自从因罪堕落就已失去了神的形像。

5) 这形像在谁身上有部分的更生呢？　在信徒身上。

6) 这形像在何时才得完全被恢复呢？　在天堂。

保存

(1) 上帝除了创造了你，祂还为你做了些什么呢？ 上帝保存我。[7]

(2) 上帝为了保存你，赐给你甚麼？ 上帝赐给我足以养活我身体生命的一切。[8] [9]

(3) 上帝为什么要赐给你那麼多好处呢？ 因为祂是最仁慈的父亲。

(4) 上帝为了你的福祉，还一直在做甚麼？ 祂在一切危险中保护我，并保守护卫我免於一切的凶恶。

(5) 是什么感动了上帝为你做这一切呢？ "这些全是出於父神的慈爱和怜悯，并不是因我有任何功劳或配得的。"

(6) 为了这一切，你应该如何报答上帝呢？ 我应该感谢、赞美、事奉和顺服祂。[11]

引证经文

1) 天使岂不都是服役的灵，奉差遣为那将要承受救恩的人效力么？（来 1:14）

2) 你们务要谨守，儆醒，因为你们的仇敌魔鬼，如同吼叫的狮子，遍地游行，寻找可吞吃的人。你们要用坚固的信心抵挡他。（彼前 5:8,9）

3) 因为他要为你吩咐他的使者，在你行的一切道路上保护你。他们要用手托著你，免得你的脚碰在石头上。（诗 91:11,12）

4) 耶和华神用地上尘土造人，将生气吹在他鼻孔里，他就成了有灵的活人，名叫亚当。（创 2:7）

5) 神就照著自己的形像造人，乃是照著祂的形像造男造女。（创 1:27）

6) 并穿上新人，这新人是照著上帝的形像造的，有真理的仁义和圣洁。（弗 4:24）

7) 他权能的命令托住万有。（来 1:3）

8) 万民都举目仰望你，你随时给他们食物。你张手，使有生气的都随愿饱足。（诗 145:15,16）

9) 你们要将一忧虑卸给上帝，因为祂顾念你们。（彼前 5:7）

10) 我终身的事在你手中。（诗 31:15）

11) 你们要称谢耶和华，因他本为善，他的慈爱永远长存。（诗 118:1）

习　作

I　熟读这章的教义问答复习。

II　熟记并学习应用所有引证经文，或以下所列的经文 No.......... 。

III　教义问答 － 信经第三段，从头到尾（主祷文；第四第五段祷告）。

IV　圣经书卷 － 复习新约书卷。

第十三课

信经第二段

救赎

我信耶稣基督，上帝的独生子，我们的主
　　因著圣灵成孕
　　从童女马利亚所生
　　在本丢彼拉多手下遇难
　　被钉在十字架上，死了，葬了

　　下到地狱；
　　第三天从死人里复活；
　　後升天
　　坐在无所不能的父上帝的右边
　　将来必从那里降临，审判活人死人。

这是什么意思？

　　我相信耶稣基督是真神
是从天父自永远而生，
又是真人，从童女马利亚所生
　　他是我的主
　　救赎了我这个失丧被定罪的人。
从诸般罪恶、死亡和魔鬼权势下赎回得著我，
不是用金银，却是用他的圣宝血
和无辜的受难和死亡。
　　为要使我归属於他，活在他的国度管理之下，并在
那永远公义、无罪和福份中服事他。
正如他从死里复活，活著掌权直到永远，这是千真万确的事。

摘要

两个名字	耶稣，基督
两种属性	神子 － 神性 人子 － 人性
两个名字的解释	我的救主 受膏者
三层职事	作我们的 先知 祭司和君王
祂的工作	要救赎我们离开
三种不圣洁	罪 死亡和 魔鬼

祂的名

耶稣就是救主的意思。

世上有很多种救主，医生救人的健康，律师挽救委托人的名誉，海滩上的救生员救人免於溺水，但耶稣要将祂的百姓从罪恶里拯救出来。

有些明白基督生命真正意义的画家绘基督为一个婴孩，卧在摇蓝里，定睛望著放在祂头上摆动的十字架，表示从祂出生开始，十字架已是祂人生的目标，立志牺牲在十字架上作为祂生命的冠冕。天使对约瑟说"你要给他起名叫耶稣，因为祂要将自己的百姓从罪里救出来。"

基督是受膏者的意思，希伯来文是弥赛亚。

本来基督不是一个名字，而是一个头衔，例如一个州长，或总统，这表示耶稣所受的是公职，就是先知，祭司和君王的职位。

在旧约，祭司和君王授职时都会被膏，好像亚伦和他的儿子被膏为祭司。有时先知也受膏，例如以利亚膏以利沙，撒母耳膏扫罗，就是拿一瓶香油倒在他的头上，好让人民都知道扫罗已被选任作王。（现代的王接受加冕）同样基督也受膏（被选任，分别为圣）来承担一个特别的职责，严格地说，承担三种不同的圣职，就是先知、祭司和君王，只是祂不是被香油所膏，乃是受洗时被圣灵无限量的膏抹。

祂的属性

神性	和	人性
神		人
祂是真神， 从天父自永远而生。		祂是真人， 为童女马利亚所生。
作为神，祂胜过了罪， 死亡和魔鬼。		作为人，祂活在法律之下，代世人受苦被钉死在十字架上。

不完全的例子：铁和热、肉身与生命、玻璃和光。

祂是真神

上帝的儿子，神子，上帝的独生子。注一 细察引证经文，第81，88，96页，说明这些经文是描述基督的圣名、神性、职份、尊贵或荣耀，你可以用以下三步推释法。

只有神才有神圣的名字，
如果基督有神圣的名字，
那基督一定是神。

祂一定是真神

才可以胜过罪、死亡和魔鬼。

祂是真人

由童女而生，取了人的形像，有普通人的样式。他喜欢自称作"人子"，有与我们一样的肉和同我们一样的骨。祂有与我们一样的需要和欲望，会饥饿、口渴、能感受喜乐和痛苦。祂作工得工资，买面包裹腹，身量与智慧按时渐长。肚饿时祂要食，口渴时，他要喝。做工会疲劳，会行路，要睡觉，能喜乐，也哭泣祂受苦而死。所以我们可以名符其实的叫祂做"人子耶稣基督。"

祂一定是真人

才可以(1)在律法之下；(2)能够代我们受苦而死。

圣诗：360, 345, 347, 361, 130, 104 。

但愿万民都来歌唱
赞美救主圣名
赞美上帝大君荣耀
颂主深厚慈恩。

祈祷：

以马内利的主，神的儿子，人子啊！我们感谢你，因为你的名被称为耶稣。更感谢你是全人类的救主，我们要向你承认我们的罪过，也求你向我们施怜悯。为了自己的名赦免我们，赐给我们救恩的平安和喜乐，阿们。

读经

课题重点

诗	2	....
路	7:11-17	....
太	14:13-21	....
路	8:22-25	....
约	11:35,36	....
西	1:12-20	....
腓	2:5-11	....

教义问答复习

(1) 你希望得救吗？　是，这是我的希望。

(2) 那你要相信谁呢？　相信我所敬爱的耶稣基督。[1]

(3) 耶稣的名是什么意思？　耶稣就是救主的意思。[2]

(4) 基督这头衔（希伯来文弥赛亚）是什么意思？　基督（或弥赛亚）是受膏者的意思。[3]

(5) 谁是耶稣基督？　耶稣基督是真神，也是真人，是我们的救主。

(6) 祂联结了哪两种特性？　神性和人性 [4] [5] [6]

(7) 为什么你相信耶稣基督是真神呢？　因为祂是从天父自永远而生。[7] [8] [9]

(8) 为什么你相信耶稣基督是真人呢？　因为祂为童女马利亚所生。[10]

(9) 为什么我们的救主必须是真神呢？　这样祂才能胜过罪恶、死亡和魔鬼的权势。

(10) 为什么我们的救主必须是真人呢？　这样祂才能活在律法之下，为我的缘故受苦被钉死。

(11) 基督为你做了什么使你可以相信祂呢？　祂为我死在十字架上，为我流出宝血，使我的罪得著赦免。

引证经文

1) 认识你独一的真神，并且认识你所差来的耶稣基督，这就是永生。（约 17:3）
2) 她将要生一个儿子，你要给祂起名叫耶稣，因祂要将自己的百姓从罪恶里救出来。（太 1:21）
3) 神以圣灵和能力膏拿撒勒人耶稣。（徒 10:38）
4) 上帝在肉身显现。（提前 3:16）
5) 上帝本性的一切丰盛，都有形有体的居住在基督里面。（西 2:9）
6) 祂的儿子耶稣的血也洗净我们一切的罪。（约壹 1:7）
7) 这是我的爱子，我所喜悦的。（太 17:5）
8) 这是真神，也是永生。（约壹 5:20）
9) 叫人都尊敬子如同尊敬父一样，不尊敬子的，就是不尊敬差子来的父。（约 5:23）
10) 因为只有一位上帝，在上帝和人中间只有一位中保，乃是降世为人的耶稣基督。（提前 2:5）

习 作

I   细读这课的教义问答复习。
II 熟记并学习应用所有引证经文，或以下所列的经文 No.......... 。
III 教义问答 － 复习要道二（主祷文 － 第六第七段祷告，阿们。）
IV 圣经书卷 － 从创世记至启示录。

第十四课

信经第二段

（续）

祂的职份

先知：   在旧时代先知的重要职份是讲道；有时也说预言。

作为一个先知，基督宣扬福音，而且直至今日，祂还藉著属祂的仆人传扬福音。

祭司：   在旧约时代祭司的职份是献祭和代求。

作为我们的祭司，基督不是献上牛羊或班鸠，祂把自己当作神的羔羊献在十字架的祭坛上。

作为我们的祭司，祂也为我们代求，祂是我们的辩护者。

作为我们的祭司，祂代我们成全了也完全满足了律法上的一切要求。

君王：   王的职份就是统治。

基督是王，祂统治万有，特别是基督教会。

祂是王，祂统治：

世界 — 权势的国度
教会 — 恩典的国度
天堂 — 荣耀的国度

祂的两种景况 — 卑微和高举

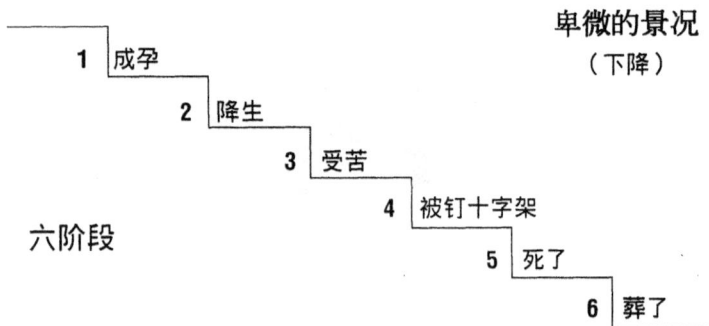

卑微的景况
（下降）

1 成孕

2 降生

3 受苦

4 被钉十字架

5 死了

六阶段

6 葬了

第一阶段： 祂因圣灵成孕（以人的样式开始）

约瑟是耶稣的养父或保护人，但不是祂肉身的父亲。耶稣的真正父亲是上帝。

马利亚

第二阶段： 从童女马利亚所生

耶稣生平简略

孩童时代：

圣灵、马利亚、约瑟、伯利恒、牧羊人、东方博士、西面、希律王，屠杀无辜婴孩，逃往埃及，回到拿撒勒。

少年时代：

圣殿，十二岁成为"律法之子"，从祂的对答可知他熟读旧约。生命在四方面发展：增长智慧和身量，得上帝和人的喜悦。从祂後来所讲的比喻中，可知祂对大自然有极敏锐的观察，帮助养父约瑟做木工。

成年时代：

施洗约翰，在旷野受魔鬼探试，十二门徒，行各种神迹在生病的人，为痛苦所迫的人、死人、被鬼附身的人身上，胜过风浪，传道，默默无闻到名声广传。权势的敌对，犹大、该亚法、彼拉多。

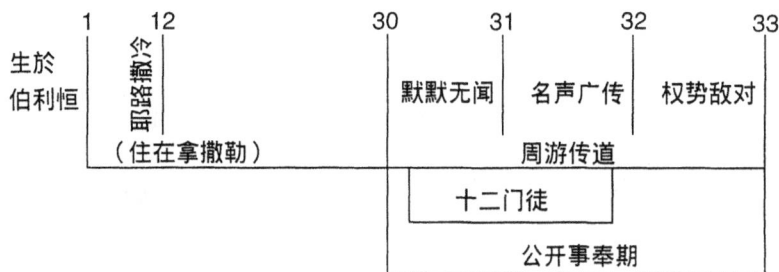

1	12		30	31	32	33
生於伯利恒	耶路撒冷		默默无闻	名声广传		权势敌对
	（住在拿撒勒）			周游传道		
			十二门徒			
			公开事奉期			

40 哩宽

耶稣时代
的巴勒斯坦

腓尼基

腓利分封地

迦百农
拿撒勒

加利利海

地中海

撒玛利亚

150 哩长

耶路撒冷

比利亚

伯利恒

犹大地

死海

第三阶段：在本丢彼拉多手下受难。

　　足洗星期四，主餐的成立。客西马尼园、加略人犹大的出卖、被捉拿，被送去亚那家，被带到大祭司该亚法家，在公会两次受审，星期五受难日，清晨六时在彼拉多处，被带到希律前，再回到彼拉多处，拈阄分衣服，荆棘冠冕。受嘲弄的权杖，被鞭打、悲苦之路。

第四阶段：　被钉十字架。

　　髑髅地，亚兰文叫做各各他，是一个形似头盖骨的小山地。钉十字架 — 先将十字木架的横档放在地上，把囚犯放平卧，两手与横木平放，先用大铁钉钉右手，然后钉左手。将横木缚牢在直杆上，然后连同被钉的囚犯竖起，再用大钉子将每只脚钉在直架上，或用特大钉子将两脚齐叠钉住。直架中间有个小木栓，用以承住囚犯的体重，同时将他身体扣紧固定。西沙龙曾说"不要让罗马公民听见或看见这种酷刑，更不能将之加在任何罗马公民身上。但这酷刑却临到耶稣身上，被钉在两个强盗中间，作为主犯，诚然祂是主犯，因为祂担当了我们一切的罪孽。从早上九点至下午三点被钉在十字架上，从正午到三点天地为之哀恸变黑，祂在十字架上曾说了七句话。

第五阶段： 死了。

身体死亡，罗马兵丁没有打断祂的脚骨。但百夫长用长枪刺了他的肋旁。和律法上的死亡，当彼拉多从百夫长知道耶稣已死后，就允许将祂的尸体给了尼哥底母和亚利马太人约瑟。

第六阶段： 葬了。

原本被钉死的尸体循例是被丢到欣嫩谷的垃圾堆里的，但耶稣却被葬在富人的坟墓里，为童女所生的最后被放在从未用过的约瑟的贞墓中。他的身体从未见腐坏。

为什么耶稣要卑微自己呢？

祂卑微自己为的是要救赎我们，救赎就是"买回来"的意思。就像你去当铺将押品赎回来，或者你的母亲将积下来的印花去赎货，也就是买回相当价值的货品一样，耶稣是我们的赎价。

故事 — 一次俄国的沙王彼得大帝脱下他的朝服，穿上工人的制服到荷兰和英国找工作，充当木工。因为他想学会造船的技术，为了帮助自己的人民以此方法提供他们在知识上的缺乏。同样，在一个更大的规模下，天上的王，暂时离开祂的王位，脱去祂华丽的王袍，谦卑地穿上凡人的外衣，变成一个木匠。祂这样做是为了属祂的百姓，重建破碎的生命。

基督将你从那里赎回来呢？

从三个污秽 — 罪、死亡、和魔鬼中赎回。

祂把我从罪恶的刑罚中赎回来，他自己担当了我的罪过和应受的刑罚。
祂将我从死亡的毒钩下赎回来，除去死亡的可怕，免去永死的刑罚。
祂把我从魔鬼的权势下赎出来，赐我力量胜过一切的试探。

祂为我死

为了救赎我，祂所付上的代价是流出宝血，和无辜的受苦和受死。

没有流血就没有赎罪，一个生命的基本原则是以生命换生命。试想晚餐桌上的食物，和用来作成衣服的毛皮，等等都经过流血的。基督舍去生命，是为了拯救我们得著永恒的生命。

保罗在林前 6:20 这样说："你们是重价买来的。"

故事 一 一个农夫跪在施威城一个士兵的墓前，有人前来向他说："你为什么如此专注的在这墓前？是否你的儿子被葬在这里呢？""不是的，"他回答说，"内战时我们全家都有病，我被徵召去当兵，却难於离开家人。有一邻居来对我说：'我替你当兵，因为我是单身没有家眷。'他去当了兵，後来在支加毛加战役受了伤，被送到医院不治而死。先生，你看我是从万里而来，专程到他的墓前写下'他为我死'这个牌子。"一 同样，基督是我们的替身，他去替我们当兵作战，代我们而死。啊！我们每人也当去祂墓前写上"祂为我死"。

故事 一 在山地里住了一个穷寡妇，因为无钱交租要被赶出去，她就带著儿子要越过十里路的山岭到一个朋友家，因为她知道他们愿意帮助她。当她出发时是风和日丽，但来到一座山岭窄路时，遇上了大风雪。她没有到达目的地，次日她被发现卧在山岭高处雪堆中死了。当夜那处的风雪很大，被发现时她没有穿甚麽衣服。在附近的一个隐角处却躺著她的小孤儿，还安全的活著。因为他的母亲把自己所有的衣服加在孩子身上，将他厚厚的包起来，她是为了让孩子继续活著而死的。

故事 一 在非洲的荒野里住了一只鹈鹕，它十分爱它的小鹈鹕，日夜忙著喂雏。从远方的水源带水给它们喝，去大海捉鱼给他们吃。虽然遇著饥荒饥饿，还要喂养，该怎麽办呢？它就将自己的血和肉撕啄下来给饥渴的小鹈鹕，直至自己倒下去死了。同样基督舍命好让我们得著生命，祂甘心流出宝血，洒在我们枯乾的灵魂上，叫我们永不死亡。

作为我们的代表替身，祂使我们与上帝和好合一，作成了和父神合一的赎罪 (at-one-ment)。

我们称这个伟大的牺牲救赎为"代赎"（参看协同式第三条）。

圣诗： **98, 81, 127, 158, 157, 175 。**

> 我心向主仰望
> 十字架上羔羊
> 至圣救主，愿你听我祈祷
> 将我诸罪除掉
> 从今以後必要完全属主　(394.1)

祈祷：

> 我主耶稣基督，我要感谢你
> 你赐给我一切的恩典
> 为著我的缘故忍受痛苦和凌辱
> 啊，仁慈的救主，亲爱的朋友，可敬的兄长呀
> 让我更清楚认识你
> 更深的爱你
> 和更紧紧的跟随你

读经

课题重点

太	4:17	....
约	1:35-36	....
诗	24	....
太	1:18-25	....
路	2:1-20	....
太	27:11-26	....
约	19:17-42	....

教义问答复习

(1) 基督被膏承担了哪三个职份呢？　他成为我们的先知、祭司和君王。

(2) 在哪一方面他是一位先知呢？　他传扬福音，直至如今他还藉著属他的仆人传扬福音。[1]

(3) 一位祭司？　他在十字架祭坛上牺牲了自己，他又在父神面前为我们代求。[2]

(4) 一位君王？　他统治世界万方，特别是他自己的教会。[3]

(5) 基督行使三种不同职份中，我们可以分出他有哪两种不同的景况？　卑微和高举两种不同景况。

(6) 他的卑微可分为哪几阶段？　他因著圣灵成孕，为童女马利亚所生，在本丢彼拉多手下遇难，被钉在十字架上，死了，葬了。

(7) 耶稣是因谁成孕？　耶稣是因著圣灵成孕。[4]

(8) 为谁所生出？ 为童女马利亚所生。⁵⁾

(9) 约瑟是他真正父亲吗？ 不是的，约瑟只是祂的养父。

(10) 耶稣在哪里出生？ 在伯利恒出生。

(11) 耶稣出生的目的是什么？ 祂要将自己的百姓从罪中救出来。^{2) 7) 8)}

(12) 耶稣一生多半的时间住在哪里？ 在拿撒勒。

(13) 祂几岁出来公开传道事奉？ 约卅岁。（路 3:23）

(14) 在祂三年传道事工中，我们可以用哪三个词来形容呢？ 默默无闻、名声广传、权势敌对。

(15) 耶稣藉什么表明祂是神的儿子呢？ 从祂的道及祂的工作。

(16) "在彼拉多手下遇难"是什么意思呢？ 耶稣被迫戴上荆棘冠冕，受鞭打，被嘲弄受侮辱。

(17) 为什么耶稣要死在十字架上呢？ 为了拯救我这个失丧被定罪的人。^{6) 7)}

(18) 耶稣救赎你脱离了什么？ 耶稣救赎我脱离了罪恶的权势和刑罚，死亡的毒钩和魔鬼的奴役。

(19) 耶稣付上了什么代价才把你救赎回来？ 用祂的圣宝血。⁸⁾

(20) 耶稣救赎了你有什么目的呢？ 目的是要我成为属於祂自己的人，活在祂的国度管理之下，并在永恒的公义、无罪和福份中事奉祂。

引证经文

1) 又对门徒说，听从你们的，就是听从我，弃绝你们的，就是弃绝我，弃绝我的，就是弃绝那差我来的。（路 10:16）（先知）

2) 基督照著圣经所说，为我们的罪死了。（林前 15:3）（祭司）

3) 天上地下所有的权柄，都赐给我了。（太 28:18）（君王）

4) 圣灵要临到你身上，至高者的能力要荫庇你，因此所生的圣者，必称为上帝的儿子（路 1:35）

5) 必有童女怀孕生子，给他起名叫以马内利。（赛 7:14）

6) 上帝使那无罪的替我们成为罪，好叫我们在祂里面成为神的义。（林後 5:21）

7) 看啊，神的羔羊，除去世人罪孽的。（约 1:29）

8) 祂儿子耶稣基督的血也洗净我们一切的不义。（约壹 1:7）

习 作

I 细读本课的教义问答复习。

II 熟记并学习应用所有引证经文，或以下所列经文 No.......... 。

III 教义问答 － 主祷文（复习要道三）。

IV 这课的祈祷文（第 87 页）。

第十五课

信经第二段

（续）
高举的景况
（上升）

```
                              5 再来审判
                      4 坐上帝右边
                  3 升天
          2 复活                  五阶段
    1 下到地狱
```

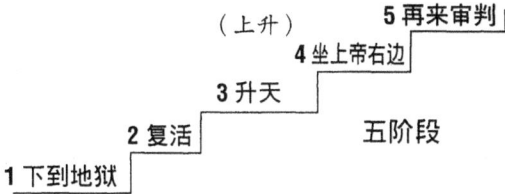

第一阶段：　祂下到阴间。（彼前 3:18,19）

　　基督复活那日早上，祂已复活过来，但未向门徒显现之前，耶稣下到地狱表明祂已胜过了阴间和死亡。同样，由于基督是我们的替身，祂赢得了胜利，我们因此可以胜过撒但和阴间的权势。

有关基督下到地狱的一些错误学说：

　　a. 认为耶稣的灵魂下到地狱边缘，就是一切义人死后灵魂留聚的地方。

　　b. 认为所说的地狱是坟墓。

　　c. 认为祂下到地狱传道，给已定罪之人另一次悔改的机会。

　　d. 认为在下降时，祂忍受了地狱之苦。

第二阶段：　第三日祂从死里复活。

第三日

第一日	第二日	第三日
晚上六点	晚上六点	晚上六点
星期五	星期六	星期日

　　根据犹太人的习惯，一日的任何部份都可以被称为一日，现今社会上也有这样的习惯，犹太人算日子是从下午六时日落开始算起。"有晚上，有早晨，是头一日。"

祂复活了

在门徒的心目中，这是无可置疑的事实。起初他们也是不愿相信，但经过多次真实可靠的明证后，他们才确信祂是真的复活了。同时也将他们从胆怯的鼠辈变成无惧如勇狮般的见证人。根据圣经的记载，复活後的耶稣向门徒最少显现了九次：

(1) 向抹大拉的马利亚显现。（约 20:14-18）
(2) 向妇女们显现，说："愿你们平安。"她们就上去抱住祂的脚拜祂。（太28:9）
(3) 向彼得。（路 24:24；林前 15:5）
(4) 向雅各。（林前 15:7）
(5) 在复活日的下午，向以马忤斯的二门徒显现。（路 24:13-31）
(6) 在复活日的晚上，向门徒显现，当时多马不在场，"你们摸我看看。"祂"接过来，在他们面前吃了。"（约 20:19-24；路 24:36-43）。
(7) 复活後第八日，又向门徒显现，多马也在。（约 20:26-29）
(8) 在提比哩亚海边向七门徒显现（第二次网鱼神迹）。（约 21:1-14）
(9) 向十一个门徒在山上显现。（太 28:16-20）这次也可能就是保罗在林前 15:6 中提到："显给五百多弟兄看"的一次。

带著荣耀的身体

祂的身体不见朽坏，祂从人肉身的软弱中复活过来。

祂的身体仍是祂本来的身体，因为祂对门徒说话，和他们一起走路，他们

也认得祂。祂和门徒一齐进食，不是为了裹腹，乃是为了被辨认。祂向门徒示出祂的手脚和肋旁，也让门徒摸祂。

虽是同一个身体，却有不同的地方。抹大拉的马利亚最初以为祂是园丁；在海边的七门徒起初也不认得是祂。等到网鱼的神迹後才知是祂。祂陪那二门徒从耶路撒冷到以马忤斯走了七里路之遥，试想一下，祂曾受的一切可怕的痛苦、受鞭打、带荆棘冕、殴打、大钉和枪刺。复活後祂的身体再不受疼痛的影响，也不受时空的限制。祂穿过坟墓，甚至没有扰乱寿衣缚带，墓前的大石头挪开来，目的不是让耶稣出来，乃是让门徒可以进去。祂下到地狱，在以马忤斯二门徒面前忽然消失了；能通过关上的门进门徒聚会的房间；祂最後升上天。没错，复活後祂的身体是有所不同。

相信的理由

基督身体从死里复活的历史事实

(1) 基督自己曾多次预言论及此事。（路 24:46）

祂的话是实在可信的，因为祂所说的从来没有一次不兑现。

(2) 门徒也是可靠的历史见证人，他们乐意也能够将事实真相说出来。

如果说他们被欺骗简直是荒谬，因为最初他们也顽固地不肯相信主是真正的复活，直至祂多次活生生的显现在他们面前之後，他们才确信不疑。例如多马，他不是说，"我是愿意相信，如果……"，但是他说："我不会相信，除非……"（约 20:25）可见他本已立意不要相信这事。

若说门徒故意串通编织谎言，以诒後代也是同样的荒谬。我们可以理解若一个人说谎是为了完成一件生意上的交易，或者因此可以逃避刑罚，或者加声望、擢升或晋级。但如果说谎所带来的是耻辱，迫害和死亡，除非是疯子，试问有谁会这样做呢？如果耶稣复活是门徒编织出来的谎言，他们在世上会得著甚麽利益呢？可以说是全无益处。冒著生命的危险，去散布一个毫无利益可取的谎言，是与人之常情相违背的。

(3) 如果不是耶稣基督复活所带来的感动，我们如何解释门徒前後的大改变呢？寻找证明的担子在怀疑的人的肩上，让他们去回答吧！

门徒一夜之间从胆小鬼变成视死如归的英雄，一定是某些要事发生才使他们有这麽大的改变。究竟是甚麽事呢？只有一个满意的解释，就是他们已确知那在星期五被钉死的，到星期日早上确实又复活了。世界上没有任何人可以用任何的方法把这个坚确的信念从他们的心中除去，他们紧紧的抓住它，好像他们进天国的盼望全赖於它，事实上也是如此。

(4) 遵守星期日是支持复活的另一个证明。

要人们改变日历绝不容易，千百年来，神的子民以遵守星期六为安息日。现在突然改守星期日为圣日，原因何在呢？其中一定是有某个非常的历史事件而造成的。若不是因为耶稣是在星期日复活，那该是什麽原因呢？让对方自己去解答吧。

(5) 廿世纪基督教的神迹是依靠於一个永活的主，掌权的人物，而不是依靠一个已经死了很久的犹太夫子。

祂的复活表明了

(A) 基督是上帝的儿子，祂的教训是真实无伪的。

没有人可以说"你们拆毁这殿，我三日内要再建立起来。"而使之付诸事实！

唯有上帝拥有胜过死亡的能力

如果基督有胜过死亡的能力

那基督必定是上帝

(B) 上帝已悦纳了祂儿子作的挽回祭，为要世人与祂和好。

(C) 所有信徒都要复活进入永生。

对著"人死了以後能再重活吗？"这个问题，人心里会说："是的呀，正如毒蛇脱皮之後还继续活著；琴师虽然他的琵琶坏了，他的技艺犹存；又如蜗牛从它的外壳爬出来，还可以继续生存；同样，人死後也会离开这个肉体临时居所而继续生存。"

人的心里说，"看呀，石榴发芽会冲破硬壳，一颗蛋结束了却孵出了小鸡来；从一个丑陋的球茎长出美丽的百合花----，这些都是人复活的表徵。

请看蝴蝶，爬行的毛虫可代表人在世上必死的卑微身体，後来成了蛹藏在茧壳里，真人死後躺在坟墓一样，看来没有生命，最後蛹冲出了外壳，脱颖而出，振乾了翅膀，变成一只美丽的蝴蝶飞舞於空中，也是一样。

人心里会问，"为甚麽人不可以在第三种状态下生存呢？"跟著回答："这没有甚麽不合理。"我们已享有二种生存状态，因为十月怀胎活在母腹里，隐藏在母亲心下的一个小安乐窝中，如果胎儿会思想，又能说话，当中疑惧的心也许会说，"如果有甚麽三长两短，我从这个安乐窝被赶出去，那就必死无疑。"但是，刚好相反，这不是死，乃是出生，生出到一个更丰富、更可爱的世界----现在，我们正是活著在这世界。同样，我们心中的怀疑会说，"若是有甚麽三长两短，我们被排出了这个世界，那是死定的了。"人心里想，"谁能确知呢？有可能是生，生出到一个更丰盛或可爱的世界。"

但是，如果复活的盼望的根基只是个不稳固的臆测，那就太脆弱了。有如人类自古以来，普遍地追求长生不老，并非证明复活最有力的证据，我们转过来问耶稣说，"人若死了，他能再活吗？"我们听祂说，"你们来看我的坟墓，看看我死後他们将我安放的地方。你看见那包著遗体的细麻布和头巾，那些死的装饰。但我呢？我已经复活了，为甚麽在死人的坟墓中找活人呢？因为我活著，你们将来也要复活，我就是复活和生命。"感谢上帝赐给我们在主耶稣基督里的胜利。

第三阶段： 祂升上天。

这是基督的加冕。祂本从天上来，祂也升回天上去。祂曾一次经过死亡，但祂永不再死。而且祂被看见升上高天，去为我们预备地方。祂的升天，正是我们所盼望的保证，天堂才是我们的家。有一天，我们也要荣耀的升天。

第四阶段：　　坐在全能的父上帝的右边。

这不是说上帝有一只右手，和一只左手，而是说基督正坐在荣耀尊贵的宝座上施行祂神圣的权能因为神是个灵。一个战士用他的右手舞剑，公文一般也是当事人右手签名。你也知道"约瑟是法老的右手"这句话是什么意思。

所罗门王让他的母亲坐在他的右边，那是荣耀的上座。一个新妇刚结了婚走出教堂时，也是行在新郎的右边。

第五阶段：　　将来必从那里降临，审判活人、死人。

(A) 突然的，没有预先警告，"像贼一样"。所以，我们应当随时儆醒准备。

(B) 可见的，"众目要看见祂"。（启1:7）

(C) 荣耀中，不是卑微穷乏如在伯利恒时。

(D) 来审判，祂第一次来是拯救。

故事－有一个人被送上法庭来，他的律师成功地替他辩护获释。後来他又犯法再被送上法庭，此时，以前替他辩护的律师已变成了法官。那人就对法官说："大人，你了解我，你曾经替我辩护。"法官说："但我现在是审判你的法官。"

可喜的是信祂的人不需要害怕审判的来临，因为对他来说，这正代表救恩的完成，对主再临的预兆，他同样无需忧惧。当春天树木开始发嫩芽的时候，我们不会感觉惧怕，因为那正是夏天将临的先兆。我们知道寒风凛冽的冬天将快过去，风和日丽的夏天要来临，候鸟也要回来，世间要充满他们的歌声。一朵朵的白云将向天边漫漫的移动，我们怎样晓得呢？这一切都有预兆，所以信的人对基督的再临心中不会战栗。我们的祷告将蒙应允，"你的国降临"，是的，你来，主耶稣，请你快来。

没有人知道主再临世界的日子，威廉米勒是安息复临派的创始人。他在1833年开始传讲末日将到的信息，他算出那日是1843年十月十日，千万人听到他的警告，在以後的十年中大约有十万人成为安息日会会员，这种狂热影响从缅因横扫到俄亥俄州。在1843年很多安息日会会员停止撒秧插秧，世界末日已近在眉睫，还种什么呢？所以，他们也不送孩子们上学。十月十日那天很多米勒的跟从者穿上他们早准备好的升天长袍，向天远眺，以等候主基督的再临。到了半夜十二点，眼看所望成空，心中充满失望，米勒先生承认失败，但重新再计算，宣布再临应该是在1844年。他告诉他的跟随者，他计算错误的地方，於是他们又等待了一年，继续传讲、唱诗，他们提出的理论没有答案，他们仍确信他们是对的。但是1844年来了又过去了，结果米勒先生必须撤离所在地。於是他再预告是1845年，接著由爱伦怀特夫人接任为安息日会女先知，复临的日子由她重订。

圣经告诉我们，"但那日子，那时辰没有人知道，连天上的使者也不知道，子也不知道，惟独父知道。"（可13:32）"所以你们要儆醒，因为你们不知道家主什么时候来，或晚上，或半夜，或鸡叫，或早晨，恐怕他忽然来到，看见你们睡著了。"（可13:35, 36）

结论：基督升为至高，目的是要我们成为属祂的人，活在祂的国度管理之下，并在永远的公义、无罪和福份中事奉祂。

故事 － 曾经有一个女奴，被公开拍卖，要卖给出价最高的人。拍卖人令她转动作姿，好让投标者都能鉴赏一下货色。叫价的人反应热烈，因为她年轻、健壮、秀美，最后有一个人以重价压倒其他标价，他付了所标的价钱，领出了女奴，但立即转身过来对她说："你是自由了，我已为你付上你的身价，你可以平平安安的去吧。" 女奴用奇异的眼光望著他，再看一下周围贪婪的群众，她不明白。但那人又说，"自由！你可以平安的去，你是自由的，我已给了你自由。" 祂那真诚的语态和慈爱的目光告诉女奴祂是在说真话。她倒在祂的脚前，心中满怀感激的说："先生，我不要自由，我宁愿服事你，不是以一个女奴的身份，乃是以一个朋友来服事你。"

基督已从工头手中买赎了我，使我成为祂自己的人，好让我乐意事奉祂。在工头手下工作是被逼的，在基督里工作却是出于爱。

圣诗：

　　　　　复活：　　192, 199, 200, 206, 210 。
　　　　　升天：　　212, 215, 218 。
　　　　　审判：　　605, 607, 609, 611 。
　　　　　永生：　　613, 618, 619 。

　　　　　　　我灵深知救主长活
　　　　　　　此语带来何等安慰
　　　　　　　祂活祂活，虽曾经死
　　　　　　　祂活祂活，永活之首　　　(200.1)

祈祷：

　　　　上帝啊，你为了拯救我们，赐下你的独生子被钉在十字架上，藉著祂荣耀的复活，把我们从仇敌的权势下救出来。求你帮助我们每日向罪死，好叫我们可以在祂复活的喜乐中永远活著。奉圣子我主耶稣基督的名求，阿们。

读经

教义问答复习

(1) 基督被高举上升，有那些阶段？　祂下到地狱，第三天从死里复活，後升天。坐在无所不能的父上帝的右边，将来必从那里降临，审判活人、死人。

(2) 耶稣何时下到地狱？　在复活後但还未显给门徒看之前。

(3) 祂下到地狱的理由是什么？　祂要向地狱夸胜。1)

(4) 荣耀的主何时从坟墓里出来？　复活日的清早。

(5) 为什么基督的复活带给我们极大的安慰？　因为复活证明了(1)祂是上帝的儿子；(2)祂的教训是真实无误的；(3)上帝已悦纳了祂儿子所作成的挽回祭；和(4)我们将来也要复活。2) 3) 4)

(6) 为什么复活节是你特别高兴的日子？　因为我知道复活了的耶稣基督已把我从罪恶、死亡和魔鬼的权势下救出来。5)

(7) 耶稣复活後，祂向门徒显现有多少日子？　四十日。

(8) 复活後四十日，耶稣升到那里去了？　高升上天去了。6)

(9) 为什么耶稣要升上天呢？　祂升上天要得著荣耀，替我们在父神面前代求，和为我们预备地方。

(10) 耶稣现在何处？　祂现在坐在全能父上帝的右边。

(11) 祂在那里做些什么？　祂在掌管万有，看护教会，为我祈求。7)

(12) 我们会再见到耶稣吗？　是的，到末日我们会再见到祂。6)

(13) 末日是哪时呢？　就是世界的末日。

(14) 耶稣为什么要再来？　来审判活人死人，来接我们上天堂。8)

(15) 耶稣怎样再临？　耶稣再临，将是突然的，可见的，并在极大的荣耀中。9)

(16) 有谁知道耶稣再来的日子时辰吗？　没有，那日子那时辰没有人知道。

(17) 为什么上帝没有把那日子启示给我们呢？　因为祂要我们永远随时儆醒。

(18) 为什么我们高兴知道耶稣会再来呢？　因为到时我们要和祂永远活著一同作王。10)

(19) 你为祂的再来作那一个祷告呢？　"你的国降临。"

引证经文

1) 按著肉体说祂被治死，按著灵性说祂复活了。祂藉著这灵，曾去传道给那些在监狱里的灵魂。（彼前 3:18, 19）
2) 按圣善的灵说，因从死里复活，以大能显明是上帝的儿子。（罗 1:4）
3) 基督若没有复活，你们的信便是徒然，你们仍在罪里。（林前 15:17）
4) 因为我活著，你们也要活著。（约 14:19）
5) 复活在我，生命也在我，信我的人，虽然死了，也必复活。凡活著信我的人，必永远不死。（约 11:25, 26）
6) 这离开你们被接升天的耶稣，你们见他怎样往天上去，他还要怎样来。（徒 1:11）
7) 若有人犯罪，在父那里我们有一位中保，就是那义者耶稣基督。（约壹 2:1）
8) 他是上帝所立定的，要作审判活人死人的主。（徒 10:42）
9) 主的日子要像贼来到一样。（彼後 3:10）
10) 我在哪里，服事我的人也在哪里。（约 12:26）

习　作

I　细读本课之教义问答复习。
II　熟记并学习应用所有引证经文，或下列所引经文 No.......... 。
III　教义问答 － 洗礼 I 洗礼的性质。（洗礼，第一和第二段）

第十六课

信经第三段

成圣

我信　　(1) 圣灵
　　　　(2) 一圣基督教会，圣徒相通
　　　　(3) 罪得赦免
　　　　(4) 肉身复活
　　　　(5) 并且永生　阿们

这是什么意思呢？

我相信我不能依靠自己的理智或能力
　　相信或亲近我主耶稣基督，
但是 (1)圣灵用福音呼召了我，用祂的恩赐光照了我，
　　使我成圣并保守我；在真诚的信仰里
　　祂呼召，聚集，光照人心并
所有的 (2)基督教会，成圣并保守他们
　　在耶稣基督里有合一的真诚信仰：
　　在这一圣教会里，祂每日都 (3)赦免我和众圣徒
一切的罪。到末日叫 (4)所有凡死了的人都复活起来，
(5)赐永生给我和一切在基督里的信徒。
　　这是最千真万确的事。

圣灵

祂的位格

　　祂是圣三位一体中的第三位格，是真上帝，耶稣受洗时，和五旬节都有祂的临在。在上帝的圣仆圣徒身上作感动的工作，圣经都是圣灵所感动默示的，参看使徒祝福，林後 13:14 。

祂的名字

祂被称为圣灵，因为：

祂自己是圣洁的（是否也有污秽的邪灵呢？）

祂使我们成为圣洁。

祂的工作

祂使我们成为基督徒。

圣父在赐下祂的独生子，圣子舍了自己的生命，圣灵施行基督救恩的果子。

"有一个人病得很重，躺在床上不能移动。医生来看他，留下了药方，是否这样病人就会好起来呢？"

"不会的，他的亲友必要帮他拿著药方去把药买回来。"

"这样病人就会好了吗？"

"不，他们还得使病人将买来的药吃下去。"

"同样，我们可以想像上帝在罪人身上医治有病的灵魂，情况也差不多。圣父定下救赎的计划，写下了药方，圣子照著父神的旨意，藉著祂的受苦和被钉死，配好了药方，圣灵藉著福音和圣礼把药方用在罪人身上，祂使我们这些贫乏有病的罪人再健康起来，得著更新。因为如果我们不是经水和圣灵重生，我们就不能进入上帝的国。"（路易彼克作）

纽约市有卓越的供水系统，如果你开车往上州去，你会看到一些像大湖般的贮水池，你如果问人说："这些是什么呢？"有人会告诉你说："这些是纽约市的供水系统。"你或者会诧异地问说："但这些水池离纽约那麼远，超过一百里，这里的水对远方的人有什么用处呢？"那人会说："有导管系统把水引到纽约市去，最后从各家的水龙头流出来。"

同样，我们可以想像上帝恩慈的大蓄池供给许多人生命的水源，是藉著基督的生和死得来的，但是我们怎样才能因此蒙福呢？靠圣灵，藉著上帝的话作管道将上帝在耶稣基督里的恩慈灌入我们的心中。

(A) 我不能靠自己的理智或力量来信靠或亲近我主耶稣基督，因为我本性：

(1) 在灵性上是瞎眼的。

循著本性，我不能看见我自己深有罪恶，也不明白为什么一个无罪的人会成为我的代罪羔羊。圣灵将那蒙我眼睛的绷布除下来，打开我属灵的眼，使我能看见，明白和体会并能接受救恩的深义。

归主 — 我从黑暗转向光明。

(2) 在灵性上是死的。

"在诸多的过犯和罪恶中"圣灵灌注新生命，洁净感情，更新意志。

归主 — 从死转向生命，重生 — 再生一次。有人问一位 84 岁的老翁他有几岁，老人答说，"四岁""这是怎样说的呢？""四年前我蒙恩变成一个基督徒，我得着重生、再生，所以我只有四岁。"基督徒都是再生的人，第一次是肉体的生，第二次是从圣灵生的。

约 15:5 "离了我，你们就不能作甚麼"。腓 4:13 "靠着那加给我力量的，凡事都能作。"

约 7:37："人若渴了，可以到我这里来喝。"

(3) 是上帝的敌人。

归主的转变 — "转变方向"。保罗从一个恨恶基督的人转变成"亲爱基督"的人。浪子离家，背向他的父亲想要脱开规则和束缚，结果他"转过头来"归回到他父亲那里。

故事 — 从前有一棵野蔷薇从水沟里长出来。有人拿了一把锄要把它锹出来，野蔷薇对他说："他要对我作什么？难道他不知道我是一棵毫无价值的野蔷薇吗？"虽然如此，园丁将它掘了起来，移到他的园子和一些美丽的玫瑰种在一起。野蔷薇又在想："你看他将一棵没用的野蔷薇种在上好的玫瑰中，多麼可惜不智呀！"但那人像是没有听见一样，种好野蔷薇就走了。过了一段时间，他带著一把利刀回来，在野蔷薇茎上割出一个切口，然後取了一枝玫瑰接上去，後来时候到了，很多又香又美的玫瑰花朵从那棵野蔷薇的老干子长出来，那时园工就对野蔷薇说，"现在从你干子发出来的美丽不是你本来所有的，乃是我将它嵌入你里面的。"

(B) 但圣灵已

(1) 呼召我到基督面前 — 邀请我来，赐给我基督的救恩，也感动了我去接受。
藉著福音 — 就是藉听得见的和看得见的话语，不是藉著梦想或异象，我们无需一定要有极强的感觉才能肯定我们已经得著救恩，我们紧紧抓住圣经的应许。
问题：对一个未信主的人，要做些什么使他改变归主呢？
答案：向他介绍圣经，好让圣灵藉此可动善工。

(2) 用祂的恩赐光照我
祂启发我的领悟力，使我能在属灵的智慧和知识上成长。

(3) 成圣

更新我的意志，赐我心灵新的爱心，使我可以作出各样善事来见证我的信心。

善工会随著信心自然的流出来，就像花果从树干而生，清水从泉源而流一样自然。

如果我们在一个数字的左边加上很多零，并无任何价值。但是数目字右边加上很多零就大有价值了。同样，在没有信仰之前所作的一切善工都是没有用的，但有了信仰之后，所作的善工就大有价值了。

成圣：　　赐我力量抵挡罪恶
　　　　　赐我力量过基督徒的生活
　　　　　赐我力量作各样的善工。

(4) 保守不离真诚的信仰

藉著圣经和圣礼，教会就是"伯利恒" — 粮食的仓库。它是基督徒作战的兵工厂，一个爱火永燃的熔炉。

"你们得救是本乎恩，也因著信，这并不是出于自己，乃是神所赐的，也不是出于行为，免得有人自夸。"（弗 2:8,9）

平行的教义

如果你得救 — 是因为圣灵动了善工。

如果你沉沦 — 是因为你自己的错，咎由自取。

圣灵愿意在每一个听到福音的人心里动工。（但祂不勉强人）可惜有很多人抵挡圣灵的工作，因著他们自己的过失，以致於成为失丧的人。不完全的比喻：一个病人拒绝服下医生所给的药。

例子 — 你在森林中迷失了，响导找到了你，愿意带你走出迷途。但是如果你拒绝他的指引，因而迷失死亡，那是错在你自己。但如果你听从响导，将你安全地带到目的地，把你救出的功劳却要归那响导。信仰好比一棵植物，你可以用脚践踏它，但你不能逼它成长。

再一次来谈圣灵的工作

(1) 呼召 — 撒种在人心田里
(2) 光照 — 使它向著光成长
(3) 成圣 — 开花结果（善工）
(4) 保守 — 浇水、栽培，使信心的树茂盛常青。

圣灵在我们中间的工作

　　好比在我们教会中有一个人，他从前是瞎了心眼，没有灵性生命，与上帝为敌的人。一天他心中有一种奇异的感觉，他不知是从何而来，事实上这是圣灵在动工，是从圣灵而来。结果这位人君心中极想走向更高更好之处；渴慕得著内心的平安，因此多年来他第一次走入了教会。

呼召：　(1) 他听到了救恩的信息，他体会到自己充满罪恶，需要一个替他承担罪的人。於是他脱离罪恶，转向救恩，他也就因此出死入生了。圣灵已经藉著福音呼召了他，真道的种已进入他的心田，他归主向神。

光照：　(2) 当他继续来教会，又勤读圣经，属灵的知识渐长，原本暗晦的心智越照越明。他对上帝给罪人的大恩大爱，认识得更深更彻底。
　　　　　换句话说，在他心中的圣道种子朝著真光成长，这也是圣灵用恩赐光照他所得的结果。

成圣：　(3) 邻居开始谈论此人说："你注意到某某先生的改变吗？他是改变了，和以前大不相同。他再不做这个、那些，变成了一个真诚、正直、仁慈、积极的人，喜欢作各样的善工。"究竟发生了什么事呢？信心的树已经开花结果了，圣灵帮助他成圣，更新他的意志，领导他行善，给他力量抵挡罪恶。

保守：　(4) 只有藉著上帝的恩惠，和圣灵感动的工作，才能保守这人恒守在真诚的信仰中，直到末了。

　　这样看来，这人得救从头到末了都是圣灵工作的结果，他本人对自己的救恩并没有付出任何贡献，他不能以小救主自居，更不能夸口自荣地唱出自救的颂赞，却应当说："愿颂赞尊贵，荣耀全归於上帝。"

圣灵在你里面的工作

(1) 呼召 － 藉著可看见的道，就是圣洗礼（水联合上帝的道），你再不回顾未蒙恩以前不信主的日子了。

(2) 光照 － 对从母亲膝下被启蒙开始，教会的托儿所、主日学、到坚信班，至主日聚会听道和其他聚会，得蒙光照。

(3) 成圣 － 你所做的一切，都是出於对上帝的爱，也基於在基督里的信心。

(4) 保守 － 感激祂的恩慈，常常来得祂的供应处，支取属灵的力量。

圣诗： **224, 233, 227, 235。**

> 恳求圣灵降临
> 从天大发光明
> 照耀罪人
> 你本神圣慈仁
> 赐人各样宏恩
> 忧愁化为欢欣
> 今求来临　　227.1

祈祷：

> 主啊，愿你的圣灵大大的浇灌下来，洁净我们的心，藉著你降下丰盛的甘露，得著滋润，结出佳美的果子，奉圣子我主耶稣基督的名，阿们。
>
> 主啊，求你赐我怜悯，愿圣灵的明光照耀我心灵的最深处，使我冻冷的心发起热来，也照亮我心田一切的黑暗，好让我能够与你长住在荣耀中。奉圣子我主耶稣基督的名，阿们。

读经

课题重点

诗	53	....
徒	2:1-13	....
路	14:16-24	....
徒	16:25-34	....
徒	5:1-11	....
徒	7:51-60	....
太	22:1-14	....

教义问答复习

(1) 谁是引我到基督面前的导师？　引我到基督面前的导师就是圣灵。[1]

(2) 谁是圣灵？　圣灵是三位一体上帝的第三位格。

(3) 圣灵引导你到基督面前经过那条道路？　就是上帝的圣道，（包括可听见的和可看见[2] [3]的。）

(4) 为什么你自己找不到基督？　因为按著我的本性，我是瞎了心眼，灵性没有生命与神为敌的人。[4] [5] [6]

(5) 圣灵做了什么才带你到基督面前呢？　祂藉著福音呼召了我，用祂诸般的恩赐光照我，使我成圣，保守我常留在真诚的信仰里。[2] [7]

(6) 圣灵是否愿意在每一位听了福音的人心里都如此运作呢？　正是如此。

(7) 那么为什么还有那么多人失落沉沦呢？　因为他们抵挡圣灵。8)

(8) 这样，如果他们因此失落沉沦，是谁的错呢？　是他们自己的错。

(9) 但反过来说，如果一个人蒙恩得救了，这是谁的功劳呢？　功劳属於圣灵。9) 1) 3)

(10) 为什么祂被称为圣灵呢？　因为祂是圣洁的，祂也使我们圣洁。

(11) 那么被圣灵洁净成圣的人被称做什么呢？　他们称为基督徒或圣徒。

(12) 基督徒是什么？　基督徒就是一个相信耶稣，爱耶稣和跟随他的人。

(13) 基督徒会做善事吗？　当然会，因为信心是一个活的信心，使人在基督里 "发生仁爱的信心"。10) 11) 7) （加 5:6）

(14) 我们大多数人在何时由圣灵改变成基督徒呢？　当我们受洗的时候。

引证经文

1) 若不是圣灵感动，也没有人能说耶稣是主的。（林前 12:3）

2) 神藉我们所传的福音召你们。（帖後 2:14）

3) 耶稣说，我实实在在的告诉你，人若不是从水和圣灵生的，就不能进上帝的国，从肉身生的，就是肉身，从灵生的就是灵。（约 3:5-6）

4) 然而属血气的人不领会上帝属灵的事，反倒以为愚拙，并且不能知道，因为这些事惟有属灵的人才能看透。（林前 2:14）

5) 你们死在过犯罪恶之中。（弗 2:1）

6) 原来体贴肉体的，就是与上帝为敌的。（罗 8:7）

7) 我们原是祂的工作，在耶稣基督里造成的，为要叫我们行善，就是上帝所预备叫我们行的。（弗 2:10）

8) 主不愿有一人沉沦，乃愿人人都悔改。（彼後 3:9；也参照提前 2:4）

9) 你们得救是本乎恩，也因著信，这并不是出於自己，乃是神所赐的，也不是出於行为，免得有人自夸。（弗 2:8, 9）

10) 人非有信，就不得上帝的喜悦。（希 11:6）

11) 你们若爱我，就必遵守我的命令。（约 14:15）

习　作

I　细读本课教义问答复习。

II　熟记并学习应用所有引证经文，或以下列出经文 No.......... 。

III　教义问答 － 圣洗礼 II 洗礼的益处（洗礼第三条）

第十七课

圣基督教会

任何人
外
犹太人
邦人

救主
信心
洗礼
一个

他们
我们
一切人

合

看不见的教会

它包括所有
相信耶稣的圣徒

(1) 福音的传扬在很多不同的宗派，藉著各种的语言，在很多不同的国家，传给很多不同的人。圣灵藉福音呼召他们，也藉著福音改变他们成为基督徒。

(2) 不论福音哪里被使用，哪里就会有人藉著信心在基督里得著救恩。（赛 55:10, 11）

(3) 这些所有信徒的总体，不分种族、国籍、肤色、职位，组成为一个看不见的，也不可分的普世基督教会。基督称之为他的新妇，他的圣殿，他的圣城，他的羊群，他的身体。（罗 12:4,5；西 1:18）这是上帝的真教会，在地上叫做恩典的国度，在天上称为荣耀的国度。换言之，是精兵教会，也是得胜教会。

(4) 这个教会是看不见的，因为我们不能看透他人的心，察看他是否有这样的信心。（路 17:20, 21；提后 2:19）。

例如在星期日的聚会中，放眼看会众，我不能说坐在前排的三位拥有得救的信心，而第四位却是一个假信徒等等。既然没有人可以用眼见就分出真伪信徒，对我们来说这个教会是看不见的，因此我们说："我信一圣基督教会。"但是主基督清楚谁是真正属於他的。

(5) 这个教会是建立在基督这个坚固的磐石上，所以叫做一圣基督教会。所以当路德宗的信徒说，"我信一圣基督教会"时，我们并不是指罗马天主教会，或希腊东正教会，我们是指那看不见的普世教会，基督的新妇，英文Catholic，是普遍或通用的意思。

(6) 这教会被称为圣教会，为什么呢？是否因为它的成员是圣洁的呢？可说是对，也可说是不对。

不对： 他们并非无罪，无论是照著他们自己的评论或是他人的评估，他们仍然在思想，言语和行动上犯罪。而且只要他们还带著血肉之躯，他们还会继续犯罪下去，甚至连使徒保罗也承认自己充满罪过。

对： 由於他们相信基督，在上帝的眼光中他们是圣洁的。因为基督的缘故，上帝已赦免了他们的一切罪过，他们也以圣洁的工作事奉上帝。

所以，我们可以称他们是圣徒组成的团体。（弗 5:25-27）

看得见的教会

(1) 看得见的教会就是当地教会，如"圣马可教会"。
(2) 它是由信徒组成，当中可能有真信徒，也有假信徒，就是挂名的基督徒。（太 13:47,48；22:11,12）
(3) 如今地上有很多很多看得见的教会，有些是真的，也有是虚假的。
(4) 一个看得见的真教会是建立在上帝的话语上。（耶 23:28）

如何决定一个当地教会是真教会

比喻有十个少年，各从同一本书抄下同一页，而每个抄本都不相同。每个少年都说他抄的才是正确的，那我们如何决定呢？和原版一比较就可以知道那抄本是正确的。

拿一张纸画上一些垂直纵线，在第一行的空间上写下圣经对罪、上帝、祷告、圣礼等等的教训；第二行写上罗马天主教对这些题目的教训；第三行写上路德会......等等。那一个是真教会呢？那教导而且实行圣经教义的就是真教会了。

我们以前喜欢玩一种游戏叫做"寻宝"，叫一个人走出房间，其他的人将一个扣子藏起来，那人进来开始找那"宝物"，如果他找时离扣子被藏的地方愈来愈远，旁边的人就会叫"冷，很冷，冰冷"等等。如果他愈趋近"扣子"所藏之处，他们就会叫"你现在很温暖，你现在很热，你快要被烫著了"等等。同样，我们面前放著一本圣经，有些宗派的教训离圣经教训很远，他们是冰冰冷冷的。如果一个教会是站正在圣经的教训上，那在看得见的教会中它一定是一个真教会，因为它和圣经上的一切教训都吻合。

收取已学得的教训

(1) 相信耶稣，成为看不见的普世基督教会的一份子。（约8:31,32）

(2) 藉著洗礼、坚信礼、和信仰的承认，加入一个看得见的真的当地教会。

不要在不同的教会中游荡。经验告诉我们，"游览橱窗式的信徒"，"属灵的流浪汉"很快会失去他们的宗教信仰。每个基督徒都应该屯驻在神的子民当中。

你需要教会，教会也需要你。教会是基督奇妙的身体，也唯有藉著它，上帝的福音事工才能传到世界各地。你不要因远离教会而逃避或阻拦这事工。

基督教会是上帝所设立，永不会消灭。

教会常被比喻成一条船，在早期的基督教艺术中，教会也常被绘成一条船，狂风不停的吹打著它，世界的巨浪向它冲击。但是它屹立不倒，许久之前帝坦尼克巨轮首次出航，驶过大西洋，它被喻作"海上浮宫"，船员对这艘巨轮抱有绝对的信心，以致没有装配足够的救生艇。但灾难突然来临，在那凄楚的黑夜里，一个巨大的白色冰山在等著它，猝然一声巨响，它撞上冰山，当场整条巨轮震动得颤抖起来，壮丽的船头慢慢向冰寒的深海下沉，很多妇女和儿童逃向救生艇，安全地被救了出来。

世界就好像这艘巨轮，载满了一切财宝，但当致命的撞击发生时，这艘堂皇的巨轮会走上相同的命运，华丽的船头慢慢沉向无底大海的深渊。上帝的教会好像是一艘小艇，但因为有耶稣在其中，因此是一艘救生艇。它将会凯旋地驶过那漆黑的海洋，最後安全的驶入港口。

(3) 对教会和宣教事工的支持作出捐献。（林前9:14；太28:19）

这不单是指金钱上的捐献，也要献出你的时间、才能和生命，你和你一切所有都是从上帝而来，你只是祂一切的代理人。因此你挪出一部份时间、才能、金钱用在上帝所命定的事工上是很应该的。

你的一生该是以基督为中心，而非以私已为中心。祂是爱你，曾为你舍命。你真的爱祂，你不需要任何强迫来表达你的感恩之情。如果基督悦纳了你，祂也会悦纳你的奉献。祂首先要的是奉献的人，然後才想要他的礼物。

让基督的爱激励你乐意地、固定地按著收入的比例，满怀感恩地作出奉献。如果你不知道对教会和慈善事工该给多少，我们建议十一奉献，就是你收入的十分之一。"上帝使你如何兴旺,你也该如何奉献。"这就是一般的原则。

(4) 避免假教会,对你自己的教会要忠心。(太 7:15;约壹 4:1;罗 16:17)

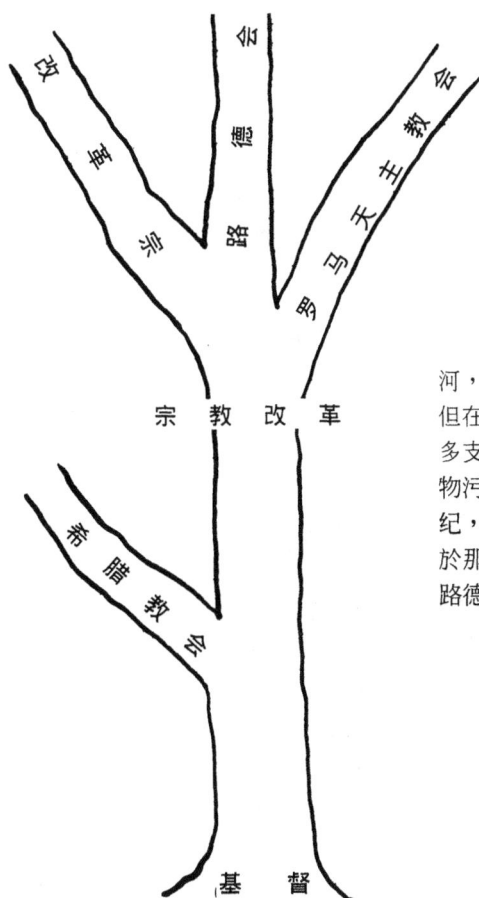

我们可以将教会比作一条河,从它清澈纯净的源头开始,但在过去千百年的过程中,有很多支流小川流入时,带有不少杂物污染了河水。然而,在十六世纪,河中的污浊被清除了,发源于那耶稣基督的河水,再一次在路德教会中畅流了。

圣诗： **462, 473, 475, 480**。

> 教会惟有一根基，就是耶稣救主。
> 以水和道所造成，悠久永垂千古。
> 救主亲身自天降，愿为教会新郎。
> 甘心舍命流宝血，为使教会繁昌。 473.1

祈祷：

> 上帝，求您复兴您的教会，从我开始，阿们！，求你的灵充满，并掌管教会的整体。保守并将成圣的恩典加添给那些对你的事工忠心尽力的仆人。因为一切供应从你而来，所以求你复兴他们的身心，使他们能在合一的信仰中热心的事奉你。奉圣子我主耶稣基督名求，阿们。

读经

课题重点

诗 46	....
弗 2:19-22	....
王上 8:1-21	....
太 13:24-30	....
太 7:15-20	....
腓 4:16-23	....
林後 6:14-18	....

教义问答复习

(1) 圣灵藉著什么方法使罪人成圣？ 藉著施恩具。

(2) 什么是施恩具呢？ 上帝的话语和圣礼。

(3) 在哪里可以找到施恩具？ 在基督的教会中。

(4) 教会是什么？ 教会是圣徒的团体，也就是所有信徒在基督里的总称。1)

(5) 谁属於这个教会？ 所有相信基督的人。4)

(6) 这样的教会有几个呢？ 只有一个。1) 2)

(7) 这个教会被称为什么宗派呢？ 没有宗派，它是基督的新妇。

(8) 这个教会只限於某一个时代或地方吗？ 不是的，它是普及万世万民的。8)

(9) 为什么我们看不见这个教会呢？ 因为我们不能查看别人的心是否真诚相信基督。[4]

(10)为什么这教会被称为圣呢？ 教会成员藉在基督里的信心被分别为圣，他们也以圣善事工服事上帝。

(11)为什么这个教会叫做"基督"教会呢？ 因为它是建造在基督上。[3][5]

(12)你说那看得见的教会是什么？ 当地教会。

(13)当地教会有何种成员？ 信徒，当中或许掺杂有假信徒。

(14)看得见的教会有多少？ 多得难以计算。

(15)在看得见的教会中，哪些才算"真教会"呢？ 以圣经为本的教会。

(16)从教会的教义中，你可以得哪些实际的教训？

    a. 我要成为那看不见基督教会的一员；[6]

    b. 我也要成为那看得见真教会的一员；

    c. 我要奉献去支持教会和宣教的事工；[7]

    d. 我要避免假教会。

(17)福音派路德会的基本教导是什么？

    a. 圣经是上帝的话语。

    b. 耶稣是唯一的救主。

    c. 我们因信耶稣基督并接受洗礼而得救。

引证经文

1) 我们这许多人，在基督里成为一身。（罗 12:5）

2) 基督是教会全体之首。（西 1:18）

3) 已经立好的根基，就是耶稣基督，此外没有人能立别的根基。（林前 3:11）

4) 上帝坚固的根基立住了，上面有这印记说，主认识谁是他的人。（提後 2:19）

5) 你是彼得，我要把我的教会建造在这磐石上，阴间的权柄不能胜过他。（太 16:18）

6) 你们若常常遵守我的道，就真是我的门徒。你们必晓得真理，真理必叫你们得以自由。（约 8:31,32）

7) 主也是这样命定，叫传福音的靠著福音养生。（林前 9:14）

习 作

I 熟读本课教义问答复习。

II 背诵并学习应用所有引证经文，或下列经文 No.......... 。

III 教义问答 — 洗礼 III 洗礼的能力。（提多书第三章）（洗礼，第四段）

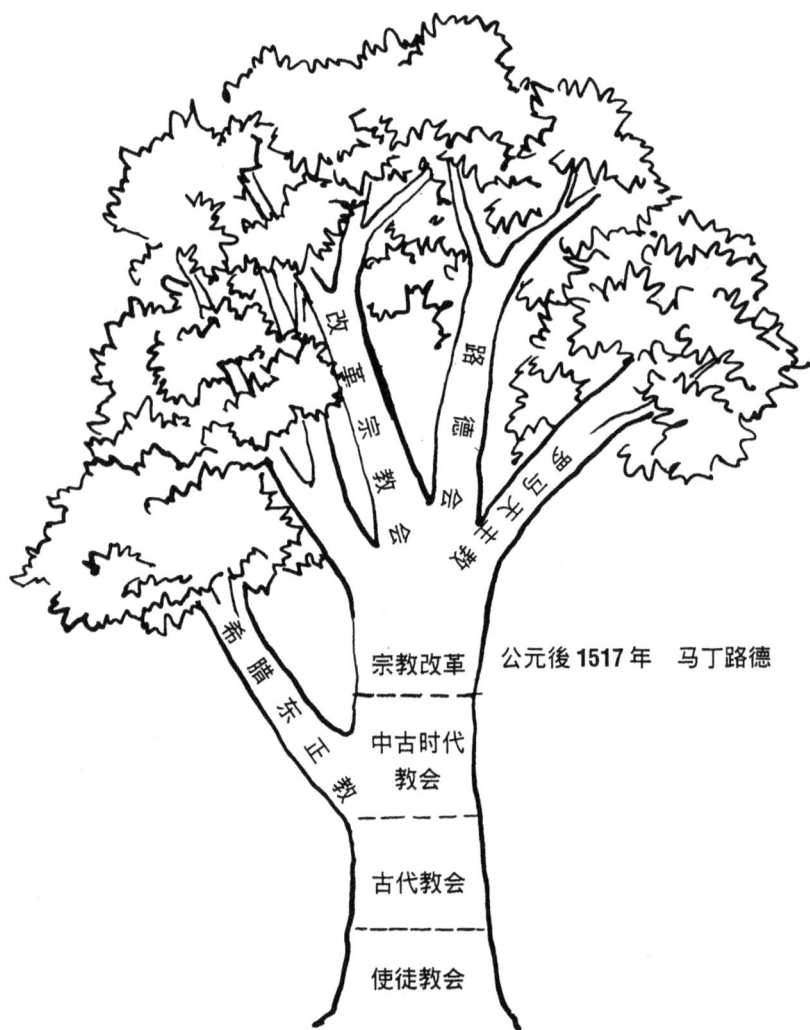

宗教改革　公元後 1517 年　马丁路德

中古时代
教会

古代教会

使徒教会

第十八课

赦罪
（称义）

在世间最坏的事就是罪。
在世间最大的祝福就是罪得赦免。

上帝因著基督的缘故，藉著福音每日都赦免我和一切信徒
所有的罪过。

救恩的三种颜色是：
黑色 － 我充满罪恶的心
红色 － 我救主的宝血
白色 － 我被洁净和赎回的灵魂

你可以做一本三页的小册子，第一页黑色，第二页红色，第三页白色。常常翻
读这小册子，例如当你看到黑色页的时候，想起论到罪恶的经文，等等。

死海　　黑　海　　红海　　白海

可导你进入天堂的一张地图

死海：描绘出人的自然心性，向上帝和美善是死的，"死在过犯罪恶中"。
黑海：正好表现出罪的邪恶，罪的污秽和它的恶果，和"世人都犯了罪"。
红海：提醒我们"被救主宝血所充满的血泉。一如以色列的子民经过红海，走
　　　出埃及为奴之地"。我们也经过充满救主宝血的红海，脱离罪恶的奴役
　　　进入那应许之地。
白海：代表在基督里被赦免的罪人，"求你洁净我，使我比雪更白"。（诗51:7）

上帝 (God)

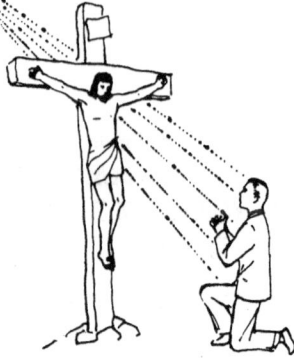

上帝看见基督就满足了，罪人看见基督也满足了。

代罪羔羊

基督承担了我们的罪，罪价得赎，罪被涂抹，罪人得释放，重获自由，最后判词是"无罪"，在上帝面前他已被称为义。

古时一个欠了债的人常被捉去坐牢，如果有人代他还清债务，他就可以获得释放。别人的代赎被算为他自己的偿还。

羔羊是献祭最常用的牺牲品，祭司将手按在祭物羔羊上，罪人同时在羔羊头上认罪，象徵他的罪已转移到羔羊的头上，所以牺牲羔羊也叫做罪。同样，上帝将我们的一切不义放在祂儿子的身上，祂就成了我们的罪，好让我们在祂里面被上帝称义。

中心教训

因此这就是圣经教训的中心，凡相信祂的人，罪得赦免。在上帝面前被称为义，不是出於善行，乃是本乎恩，也因著信，是藉著耶稣基督的缘故。

其实在世上只有两种宗教，上帝的宗教和人的宗教。人的宗教不论挂上什么名号，总是基於自义。而上帝的宗教，就是圣经所启示的唯一宗教，都是基於耶稣宝血和祂的义。人的宗教说，你要先行善，然後得生。上帝的宗教却说，你先要本著信基督的恩典活著，然後你行出善来。人的宗教说，你的人格救了你，上帝的宗教说，上帝的恩典救了你。

身体复活

这间房子出了什么事？
房客搬走了。

当灵魂离开了这个地上的临时居所时，身体就变成空的了。人将尸体埋葬了，也就看不见了。这是否就是身体的终点呢？不是的，基督教特别的教训，不单是灵魂不灭，而且已死去的身体将来还要复活。

虽是同一身体，却已改变了

例子：密西西比河流到圣路易士市北部时，河水是污浊的。但当它流经"岩石脉"水坝工程，河水被引入巨大的水池中，再流经一层层的排水渠，吹入空气，再用沙石过滤，最后流出来的是清澈透明的水。流入的和流出的是同样的水，但却有很大的不同，因为已经被洁净改变了。

同样的，所种的是血气的身体，复活的是灵性的身体，像基督荣耀的身体。（林前15章）

人人将来都要复活，恶人也不消灭。

两个地方：天堂和地狱。

罗马天主教说有五个地方：(1)地狱；(2)炼狱；(3)婴孩守留所，专为未受洗的婴孩所用，没有苦难，但也没有天堂的福气；(4)圣彼守留所，是为旧约中的圣徒而设，现已空著；(5)乐园天堂。

没有错，身体复活一事难令人了解相信，但是事实上一粒种子变成一棵植物也是一样令人难以相信，比喻一粒王冠郁金香的球茎看起来可真丑，但是将它栽在泥土里，就会长出悦目的郁金香。上帝在每棵种子中都有预先的设计和安排，无论是蕃红花、风信子、或是白雪花，都是如此。死了的人怎样可以再复活呢？照著上帝的命令呀！我们的身体本来就是他在那隐秘的母胎中创造出来的，他曾用惊异奇妙的手法赐给我们生命，他还要赐给我们一个复活的身体。

在德国的翰挪娃地方有一个妇人，她惧怕身体的复活，她于是拟出一套想要阻止上帝使她身体复活的计划。她请人筑了一座坚固的钢筋水泥土窖，外面的石块刻著"永不可打开此窖"字样，她死後就葬在其中。多年後，经过风吹雨打，日晒冰结，石头开始有裂缝，裂缝中积了尘土，有白杨树的种子被风吹来，落在裂缝中。再过若干年，长成了一棵大白杨树，将那巨大的墓石逼开了，坟墓也就打了开来。所以若问死了的人怎样被唤起来，愚蠢的人呀，是藉著上帝的大能啊！

有一天当伟大的化学家法拉弟有事外出，他的仆人不慎将一个银杯推入一瓶强酸中，那银杯很快就被溶化消失了。仆人忧愁困惑起来，因为他分毫不明白那银杯究竟去了何处，对他来说，银杯是消失踪影再不存在了。法拉弟回家听到这故事后，他就将一些化学品放入那瓶中，不一会，有银粒子出现在瓶底上，最后积成银块。他於是将银块拿出来送到银匠处，银匠将银块再重新铸成一个比以前更美丽的银杯。你看这个连人都可以做得到，大能的上帝要使已死归土的身体复活再起来，可更容易得多了。祂从无创出天地万物，在祂没有难成的事，祂能使金蛹变成美丽的蝴蝶，也能使细小黑色的种子成为可爱的花朵，也把泥浆里的黑炭变成光辉夺目的钻石，把快要腐烂的种子变成金黄色的麦穗，祂也从尘土造出了我们奇妙的身体。祂是无所不能的。难道祂不能使已死朽坏的身体复活起来，变成永不朽坏荣耀之体吗？

永恒的生命

(1) 人死时，灵魂和身体分开。
(2) 基督徒的灵魂去天堂，身体归尘土。
(3) 到主再来之日，身体会复活起来，变成荣耀的形体，再和灵魂联合。
(4) 身体灵魂於是再结合了，基督徒要和基督永远同活。

人死後的一刹那

灵魂不随著身体而死。
灵魂不睡在坟墓里。
也不在空间飘荡 2000 年後再回来投胎。

　　从前埃及人是这样相信，所以他们把死人涂上香料防腐，放在设有地窖密室的金字塔中。

灵魂也不像灵媒所说，徘徊於故居附近，寻找活人交往，但灵魂会立即与基督同在。

"今日你要和我在乐园里。"（路 23:43）

"从今以後 ...... 死了的人有福了 ...... 。"（启 14:13）

"我情愿离世与基督同在。"（腓 1:23）

早期基督徒不会替朋友庆祝生日，却纪念他们的死辰，他们认为基督徒的死辰才是真正的生日，出生到那永远的真生命去！

天堂的福气
包括

(1) 我们要"面对面"看见上帝

"瞻仰祂的真像"是何等快乐有福。

(2) 我们要亲眼看见认识天使

要自己来认识。

也认识光明的圣徒，想想要遇见最早期的列祖先知、殉道者、使徒、和基督、我们的兄长、我们的圣主、在基督里的亲戚朋友。

(3) 我们会穿上圣衣，带著上帝神圣的形像。

我们的悟性得著光照。

我们的意志顺服神旨。

我们的心喜爱美善。

(4) 我们会脱离一切凶恶。

没有罪，没有忧愁，也没有死亡。

没有任何缺乏和欲望。

没有良心的谴责。

(5) 荣耀的等级。（林前 15:41,42；林後 9:6）

荣耀的赐与，不是依照各人的功劳，乃是上帝的赏赐。祂的恩惠赐给那些在祂的圣工上和对他人的善行上显出了他们的信心的人。

在天上，没有世俗的景况，风俗的盛行，也没有分裂在家庭之中，没有人类社会的政府，没有世上的各样职业，没有宗派，没有传道事工，也没有钥匙职。

"叫一切信祂的，不至灭亡，反得永生。"（约 3:16）

　　　赦免：652, 388, 376, 342 。

　　　复活：603, 649, 187 。

　　　永生：615, 616, 656 。

　　　　　　我将我罪归耶稣，上帝圣洁羔羊。
　　　　　　主已代我赎罪孽，重刑为我担当。
　　　　　　我今带罪就耶稣，主血洗尽秽污。
　　　　　　使我与雪同皎洁，瑕疵无一不除。　　(652.1)

祈祷：

　　上帝啊，怜悯和赦免是你的天性，求你垂听我们卑微的呼求，我们虽仍被各种罪恶所捆绑，求你以极大的慈悲怜悯释放我们。奉我们的中保，尊贵的耶稣基督的名，阿们。

读经

课题重点

太	18:23-35	....
民	21:1-9	....
太	9:1-8	....
路	16:19-31	....
王上	17:17-24	....
林前	15:51-57	....
启	21	....

教义问答复习
（罪的赦免）

(1) 谁每日都赦免我们的罪呢？　上帝每日多多的赦免我们的罪。[1]

(2) 上帝为什么赦免我们的罪？　因为祂满有恩惠和怜悯。

(3) 上帝赦免我们的罪是为了谁的缘故？　是为了耶稣的缘故。[2][3]

(4) 耶稣为你做了什么？　祂为我活也为我死。

(5) 是否你里或外有什么使你配得赦免吗？　没有，我的罪蒙赦免全凭上帝丰富的恩典。

(6) 基督是为谁赢得赦免？　为古今普天下的人。[2]

(7) 上帝在哪里告诉我们祂已经赦免了我们的罪呢？　在福音里。

(8) 圣洗礼和圣餐礼中也有福音吗？　是的。

(9) 谁可以得著耶稣所赢得的赦免呢？　一切相信福音应许的人。[4]

(10) 如此说来，福音的中心是什么？　福音的中心乃是一切相信祂的人，就会得著罪的赦免。在上帝面前被称为义，不是因为他们配得，乃是本乎恩，因著相信基督的缘故。

复活与生命

(1) 人可分为哪两部分？　身体和灵魂。
(2) 人死时这两部分会有何事发生？　灵魂和身体分开。
(3) 基督徒死後灵魂去哪里？　死後即刻归到上帝那里。5) 6)
(4) 身体死後通常到哪里？　被埋入土。
(5) 到末日，死了的身体会发生什么事？　身体要复活起来，再与灵魂联合。7)
(6) 我们会带著何种身体复活起来？　我们会有荣耀的身体复活。
(7) 什么是荣耀的身体？　就是像基督复活後的荣耀身体一样。
(8) 天堂的福气包括什么？　包括(1)我们会"面对面"看见上帝。(2)我们会穿上上帝的形像。(3)我们会脱离一切疾病凶恶。(4)我们会永远快乐。
(9) 天堂的福气要给谁呢？　要给我和一切相信基督的人。8)

引证经文

1) 我的心哪，你要称颂耶和华，不可忘记祂的一切恩惠。祂赦免你一切的罪孽，医治你一切的疾病。（诗 103:2,3）
2) 这就是上帝在基督里，叫世人与自己和好，不将他们的过犯归到他们的身上。（林後 5:19）
3) 上帝使那无罪的替我们成为罪，好叫我们在他里面成为上帝的义。（林後 5:21）
4) 人称义是因著信，不在乎遵行律法。（罗 3:28）
5) 我实在告诉你，今日你要同我在乐园里了。（路 23:43）
6) 在主里面而死的人有福了，圣灵说，是的，他们息了自己的劳苦，作工的效果也随著他们。（启 14:13）
7) 我知道我的救赎主活著，末了必站立在地上，我这皮肤灭绝之後，我必在肉体之外得见神。我自己要见他，亲眼要见他，并不像外人。（约 19:25-27）
8) 惟有忍耐到底的，必然得救。（太 24:13）

习　作

I　熟读本课教义问答复习。
II　背诵并学习应用所有引证经文，或下列经文 No.......... 。
III　教义问答 － 钥匙职是什么？哪里有记载？（重温要道四）

第十九课

祈祷

如果一个人想在所作的一切事上顺利兴旺，必须作哪三样事？

(1) 祈祷；(2) 更多的祈祷；(3) 极多的祈祷。

祈祷之对灵魂有如呼吸之对身体一样重要，当呼吸变得沉重阻塞时，表示身体病了。同样，当你感觉祈祷烦厌乏味时，灵魂就有问题了。当基督徒停止向上天说话，那地狱就开始发言了。

祈祷是什么？

祈祷是与上帝心对心的交谈，要比无线电台、电视、雷达更美妙。

我们为什么要祈祷？

(1) 上帝之命令。

(2) 上帝应许要垂听我们。

(3) 因著我们自己和别人的需要。

(4) 从上帝得福，感恩而祈祷。

我们应该向谁祈祷？

不向偶像，不向圣徒，也不是对自己祈祷，好像祈祷是一种崇高的自我提示，有益的自言自语或安慰性的独白。不是的，我们应该向三位一体的上帝祈祷，因为只有祂才能够也乐意垂听我们的祈祷。在圣经的记载中可说只有一次是向先圣祈祷，是在地狱受尽折磨的有钱人向亚伯拉罕祈求。但是要记得这是一个丧失的灵魂的呼求，也没有得著益处。

在启示录 19:10 我们读到"我就俯伏在他（天使）的脚前要拜他，他说千万不可，我和你并你那些为耶稣作见证的弟兄同是作仆人的，你要敬拜上帝。"

我们到底祈求什么？

求属灵和身体的祝福。如果求的是身体祝福，我们一定要加上"但愿照著你的旨意行"。例子 — 一个小孩向母亲要一把剪刀，母亲不答应，小孩看到的是剪刀闪亮好玩。母亲所顾及的却是剪刀锋利危险。"如果我们所求的有一半蒙应允，我们的麻烦可能要增添加倍了。"

我们应该如何祈祷？

应该凭著信心奉基督的名祈祷，祂是我们的居中人中保，我们的代求人，是我们在上帝面前的辩护人，是我们去到上帝那里的道路，是连接天上和地下的阶梯。"你们向父 …… 奉我的名求甚麼 …… 就必得著。"（约 16:23-24）我们有时"所求不应"，因为我们没有照上帝的应许求，或者因为我们抱著功有应得的态度求，或者以为我们随便开口求就必得著。

我们要为谁祈祷？

(1) 为我们自己。

(2) 为别人，甚至我们的敌人。

(3) 但不要为已死的人的灵魂祈祷。

我们应该何时何地祈祷？

回教徒每日有五次固定的时间祷告，无论他们在办公室或在购物市场，只要时间一到，他们就会面向麦加对阿拉和他的先知念他们的祈祷文。基督教比较自由得多，也比较属灵，没有将我们的祷告限定在固定的时间和地方。

我们应该随时祈祷，当然有些时间比较适合，例如早上、晚上或用餐前后。

我们也应随处祈祷，但当然有些地方比较适合，例如在教堂、在家中、在我们卧室的隐秘处（壁橱）。

有人问史顿华尔捷克逊圣所教导的"你们要不住的祷告"时，他回答说："我可以举一些例子来说明我对祈祷的意见，但我不想因此成为他人的模范。长久以来在我的心里这已经成为固定的习惯，每当我饮一杯水，我的心自然的仰望上帝，用祷告的心感谢她所赐下的生命活水。同样，每当我们用饭时，也满有祂的恩典。每次我去邮局寄一封信时，我也会作一个祷告，求上帝将祂的祝福一齐寄给收信的人。当我打开一封刚寄来的信时，我也求神预备我的心来读信中的内容，希望那信带来良善的信息。当我走进课室等候学生就座上课时，我就利用那段时间默默地向上帝为他们代祷。所以一天中无论我在做什么，我都有随时随地向上帝祈祷的习惯。"

祈祷时应该有什么姿势？

(1) 手合起来，以免让手有机会做别的事。手和手交叉合起来也可以使我们联想起基督的十字架。

(2) 闭眼，以免分心。

(3) 低头。

(4) 跪下。

(5) 心里要想著你所说的一切。

我们应该用哪一些祷告文？

(1) 可用教会传统上承袭下来的一些祷告文。

(2) 祷告的范本 — 主祷文。

(3) 自由祈祷，就是从你心灵中发出来的祷告，用向知已谈心的态度和上帝说话。

祷告的范本
主祷文

注意它的对称、起头、七个求告、结尾。

头　　身　　脚

头三个祷告，我们祈求得著属灵的祝福。
第四个祷告是为了我们身体的祝福。
最後三个祷告是要脱离一切凶恶。

圣诗： **456, 457, 459**。

有何良友像耶稣，当我罪孽担我忧。
容我凡事忧喜甘苦，俱在耶稣恩座求。
恩惠平安屡屡失，又遇痛苦泪双流。
皆因多虑名利衣食，少在耶稣恩座求。(457.1)

祈祷：

上帝啊，你是我们的盼望，是相信你的人的真光，是蒙福人的光辉，实在是教会的明灯。求你赐给我一个祷告的心来感谢颂赞，归荣耀给你。奉圣子我主耶稣基督的名求，阿们。

读经

课题重点

王上	18:17-40	....
路	18:9-14	....
太	6:5-15	....
太	15:22-28	....
创	18:23-33	....
路	7:11-17	....
但	6:10	....

教义问答复习

(1) 我们可以对上帝说话吗？　是的，我们可以对上帝说话。[1]

(2) 对上帝说话称为什么？　称为祷告。

(3) 我们应该对谁祷告？　我们应该对三位一体的神祷告：圣父、圣子、圣灵。

(4) 何事使我们祈祷呢？　(1)上帝的命令；(2)上帝的应许；(3)为了自己和别人的需要。[2] [3]

(5) 我们奉谁的名祷告？　奉耶稣的名祷告。[4]

(6) 为什么我们要奉耶稣的名祷告呢？ 因为耶稣是神的儿子，我们的救主。因著祂的缘故，上帝会赐给我们一切的福气。

(7) 我们要向上帝祈求什么？ 祈求祂(1)赦免我们的罪；(2)帮助我们成为良善；(3)供应我们的需要；(4)当我们离世时，接我们上天堂。

(8) 我们应该为谁祈祷？ 为我们自己，亲近的人，为教会、学校、国家，甚至为我们的敌人祈祷。

(9) 上帝是否一定垂听并应允我们的祷告呢？ 没有错，但是要照祂自己的旨意。[5]

(10) 上帝用哪三种方法来回答我们的祷告？ 祂可以应允所求，也可以说不，或说你且等候。

(11) 上帝何时会应允我们的祷告？ 当我们求属灵的恩赐和祂知道所赐的是对我们有益处的时候。

(12)当我们祈求得著地上物质需要时，我们应该加上什么话？ 应该加上"愿照著你的旨意。"[6]

(13)我们应该何时祈祷？ 应该随时祈祷，尤其是当我们遭患难受试探的时候。[7] [3]

(14)哪些是我们特别应该祷告的时间？ 清早、晚上、用餐前后。

(15)我们应该在何处祷告？ 随处祷告，尤其是在教会、学校和家中。

(16)最完善的祷告文是什么？ 主祷文。

(17)为什么称为主祷文呢？ 因为那是主耶稣亲自教导我们的。

(18)为什么主祷文是最完善的祷告文呢？ 因为所求的和所用的方法都是最完善的。

(19)我们祷告时结尾应该说什么？ 我们祷告的结尾应该说阿们。

(20)阿们的意思是什么？ 阿们的意思就是我们相信上帝已经垂听了我们的祷告。

引证经文

1) 耶和华我的磐石，我的救赎主啊，愿我口中的言语，心中的意念，在你面前蒙悦纳。（诗 19:14）

2) 你们祈求，就给你们，寻找就寻见，叩门就给你们开门。（太 7:7）

3) 并要在患难之日求告我，我必搭救你，你也要荣耀我。（诗 50:15）

4) 我实实在在的告诉你们，你们若向父求什么，祂必因我的名，赐给你们。（约 16:23）

5) 我们若照祂的旨意求什么，祂就听我们，这是我们向祂所存坦然无惧的心。（约壹 5:14）

6) 父啊，你若愿意，就把这杯撤去，然而不要成就我的意思，只要成就你的意思。（路 22:42）

7) 要不住的祷告。（帖 5:17）

习　作

I　熟读本课的教义问答复习。

II　背诵并学习应用所有引证经文，或下列经文 No.......... 。

III　教义问答 － 认罪是甚麼？（钥匙职）

主祷文
引言
我们在天上的父

这是什么意思？

上帝用如此亲切的言语来邀请我们相信祂是我们的真父亲，
我们是祂的真儿女。好让我们可以放胆无疑地向祂呼求，
如同亲爱的儿女向自己亲爱的父亲呼求一样。

我们

我的，也是你们的。在信经里我们是说："我相信……"但在这里我们说"我们"，因为我们应该彼此代求，也要同心一起祷告。

当我明白千万人祈祷时说"我们在天上的父"是为我代祷，这是何等安慰的一回事啊！

当我说**"我们"**的父，我是在

(1) 为所有持相同信仰的弟兄姊妹祈求。

(2) 也为那些还未成为上帝儿女的人祈求。

一个自私的祷告例子：

愿上帝祝福我和我的妻子，
我们的儿子约翰和他的妻子，
没有他人，就我们四人而已。

另一个自私的祷告例子：

主啊，求你赐福我们的地方，
如果别人也想得著你的祝福，
就让他们自己去求吧！

犹太人有一句谚语："为别人祷告，也能使自己得蒙垂听。"

在主祷文中，当我们说"我们"的父时，我们是在为他人代祷。

父

耶稣不教我们用模糊空泛的词语来称呼上帝，例如伟大的建筑师、伟大的设计师、灵魂的主，深不可测者；祂也不教我们用一些使人目眩带有威吓性的尊号，例如君主、大判官、心灵的统治者、人类的主宰啊等等。祂却教我们用亲切平易的称呼"父亲"。

"天父"的称呼使我们想起自己在地上的父亲，就是为我们终日劳碌，爱我们的亲爱的父亲。是我们的朋友、顾问和知己，我们不会惧怕接近我们的父亲，告诉他我们的困扰。我们也深知他愿意帮助我们。

同样，我们对上帝也应该有相同的感觉，我们应该认定祂是我们的父亲。我们是祂所创造的，是祂救赎的，也是藉祂而成圣，理当有作祂儿女的权利。耶稣常常称上帝为父，你可以举出一些例子吗？当祂只有十二岁时说："……岂不知我应当以我父的事为念么？"在客西马尼园，"我的父啊……"在十字架上，"父啊，赦免他们……"最後祂说，"父啊，我将我的灵魂交在你手里。"一群大学生将他们认为最适合形容上帝的称呼写下来，结果大部分的人写上"父亲"。

在天上的

这话并不表示我们将上帝局限于某个地方，因为我们知道诸天之天也无法涵盖祂，但提醒我们这位父亲是万有之主，祂可以听到也应允我们的祈求。在困难的时刻，祂是我们随时的帮助，我们的尽头正是祂的开始。

第一求告

1. 愿人都尊你的名为圣。

这是什么意思？

上帝的名，原本为圣，

　　　但我们藉著这个祷告，

求祂的名也在我们当中，得尊为圣。

这个如何可以成就呢？

当上帝的真道被忠实纯洁地教导，祂的名就被尊为圣。当上帝的儿女身体力行，遵从祂的真道，过圣洁生活，祂的名就被尊为圣。亲爱的父神，求你帮助我们达成此愿。

若有人的教训和行为不合乎上帝的道，那人就是在我们中间亵渎了上帝的名，天父啊，求你保守我们勿堕入这样的光景。

A. 上帝的名本身是圣洁的

祂的名本为圣洁，毫无瑕疵。希腊人和罗马人都将他们的神看为人的延伸，带有很多软弱和缺点，甚至罪恶。但是我们的上帝不是照著人的样式被造的，祂是绝对的圣洁，假如不是的话，我们也无需继续下去求告说："愿你的国降临，愿你的旨意行在地上 ……"

B. 上帝的名应该在我们中间被尊为圣

骤看之下，也许你以为在这个求告中是要上帝保守我们不发咒语。但事实上这话会有更深广的意义，"愿人都尊你的名为圣"的意思是"愿上帝的名在我们中间保守为圣。"首先要问上帝的名究竟是什么呢？上帝的名字就是对上帝作一个简短的启示，假如有一个人从来未看过圣经，未进过教堂，也从未有人向他解释过基督教是什么。有一天，一架飞机绕著他在荒野的房子，投下一个单张，上面写著说：

上帝的名是：

耶和华（昔在，今在永在者）

耶稣　（救主）

上帝　（一切美善的源头和赐与者）

相信他读了这单张之後对上帝会有一定程度的认识，这是因为上帝的名简洁而概要地显示出祂。

但我们还有上帝更大的启示，也就是：

1. 大自然，显示出祂的权能和智慧。

2. 良心，显示出祂对罪恶的恨恶和忿怒。（罗 2:14,15）

3. 圣经，它将我们对上帝所知的一切都启示了出来。圣经是对上帝最完全的启示。因此当我们在祈求"愿人都尊你的名为圣"时，我们也是在呼求圣经能被遵守为圣。

怎样才算是圣经被遵守为圣呢？

就是在我们当中将圣经按真道传讲，在日常的生活中将圣经的真义活出来。

在这个求告中，我们求上帝，让传道人能将祂的话语纯洁真实地传扬出来，也求上帝帮助传的和听的都能活出祂的教训来。这样，祂的名在我们中间就得被尊为圣。

第二求告

2. 愿你的国降临。

这是什么意思呢？

其实上帝的国确实会自己降临，不在乎我们的求告。

但是我们在这个求告中，祈祷上帝的国降临在我们中间。

这个如何才可以成就呢？

（上帝的国降在我们中间）就是当上帝赐下袖的圣灵到我们中间，

使我们藉著袖的恩惠能够坚信袖的圣道，在今生与永世作个敬虔的人。

一个带有三层面的祷告

这里有三个国度：

(1) 权能的国度（在这个国度里，神彰显他的权能，大自然、世界、宇宙）。

(2) 恩典的国度（上帝在这个国度里，藉耶稣基督彰显袖的恩典。这国度也就是地上的一全基督教会，也叫精兵教会）。

(3) 荣耀的国度（在这个国度里，上帝彰显袖的荣耀，这就是天上的教会，也叫做得胜教会）。

当我们呼求"愿你的国降临"，我们不是在求袖权能的国度降临，因为这国度早已在此；我们乃是呼求袖恩典的国度降临在(1)我的心中；(2)也在别人的心中；和(3)人人都得著荣耀。

我们是在祈求基督教会能够在地上扩展，最后耶稣再来将袖的教会接到天上去。

例如 — 一只船破漏，开始下沉，你已落入海中。在这种情形下，当救生船驶来时，你的愿望是什么呢？

(1) 你希望自己能够被救上来；(2)你希望其他同船共难的人也被救起来；(3)你希望救生船能安全到达港口。

所以，当你祷告"愿你的国降临"，你是在呼求：

(1) 你可以搭上那救生船 — 教会，

(2) 别人也可以进入那教会，

(3) 这个救生船，就是教会，能够很快就驶进安全的海港。

因此这个求告其实是一个伟大的宣教祷告。

活出这个祷告来

汉斯以基底不怕北极严寒气候，而在格林兰岛将福音传给爱斯基摩斯人。大伟利永斯顿去非洲宣教，好友士坦黎劝他回来英国休息一段时间。但利永斯顿不顾一切再献身非洲丛林，最后他死在以拉拉地方的一间茅屋，远离任何白种人居住的地方，将他一生献给他心爱的非洲。亚多尼暗查特孙被称为缅甸使徒，在当地的一个惨无人道的监狱里长时间地受尽折磨，这监狱的土名叫做"来玛润"，意思是"手，不要畏缩"（就是不要自杀）。属路德会的很多宣教士，也不怕艰难地在南美洲、加拿大、印度、香港和非洲为基督勇敢作证，可以说是日头永不落在路德宣教堂的钟楼上。路德总会全体信徒也各尽所能地将"愿你的国降临"实现出来。

有一幅图画叫"万古磐石"，描绘一位妇人双手紧握十字架，是一幅美丽的图片。但是另有一幅图更加美丽，它描绘一位妇人，用一只手紧抓住十字架，另一只手且伸去抢救他人。

第三个求告

3. 愿你的旨意行在地上如同行在天上。

> **这是什么意思呢？**
> 其实上帝恩惠良善的旨意，无需我们祈求也会成就，
> 　　但是我们藉著这个祷告，
> 求袖的旨意成就在我们中间。

> **这个如何才可以成就呢？**
> 　上帝摧毁并阻挡那不愿我们尊袖的名为圣，
> 　　　与那不愿袖的国来到的凶恶计谋和意图，
> 　也就是魔鬼、世界和我们肉体的意图，
> 袖却坚固并保存我们在信心和袖的道中，
> 　至死不变，这就是袖恩惠良善的旨意。

A. 上帝的旨意成全不在乎我们的祷告。

　　袖的旨意在大自然中每天都得以成全，日出日落，潮水涨退，各按时规。在那浩瀚无际的天空中，一切星宿也各轨道运行，就连慧星，当宇宙的主宰要它们来到袖的宝座前报到时，也得遵守无误。在地上只要地球存留一日，撒种、收获、酷热严寒、冬夏四季、日夜交替周而复始，永不止息。环顾四周，袖的旨意都被成全，人们或称此谓"万物守恒自然定律"。但是我们认为有规律就有定下规律的人，这些规律正是上帝的旨意在自然界中的运行。

　　袖的旨意也成就在我们每个人的生活当中。就算"世人谋算虚妄……要抵挡耶和华."看诗篇第二篇。

　　古语云："谋事在人，成事在天。"试看约瑟，虽然他的十个兄长对他不善，诸多恶谋，上帝的旨意却终得成就。

　　我并非自己灵魂的领导，我也不是自己命运的主宰。我虽然可以订出计划，拟出我的行业。但是如果那知道过去和未来的主对我另有安排，我很快就会体会到什么是上帝的旨意必得成全。

　　她的旨意行在恩典的国度里。

　　一个抱有恐惧感的人，一定极力反对教会。虽然如此，上帝的旨意终究会成全。地狱之门是撒但主力之所在，最后一定不会胜过教会。福音将被传开，基督教会将会增长，直到末日。

B. 我们在这个求告中，祈求上帝的旨意，也行在我们当中

上帝的旨意是什么呢？

　　上帝"愿意万人得救，明白真理。"（提前 2:4）

　　"这是差我来的父的意思，叫一切见子而信的人得永生。"（约 6:40）

上帝的旨意是要我们相信祂儿子耶稣基督的名，并彼此相爱。正如祂所给我们的诫命。

"上帝的旨意就是要你们成为圣洁。"（帖前 4:3）

上帝的旨意是"要爱主你的上帝……"和"……要爱人如己。"（太 22:37-38）

天使顺服上帝的命令，他们的意志是遵照上帝的旨意，在地上有三种意志是与上帝的旨意相敌对的，就是属于魔鬼、世界和我们肉体的意志。

在这个求告中，我们呼求上帝摧毁这三种不圣洁的意图，引导我们甘心乐意遵行祂的旨意。

圣三位一体是与那不洁的三位针锋相对

父上帝，不要照著我的意思，乃要照著你的意念

再者，"你的旨意成全"，虽然前面的道路黑暗，祂的旨意仍是最好的。万事都互相效力，叫爱他的人得益处。惟有顺服於他的旨意，我们才能找到真正的平安。

我们的生命好像是在时光里织成的一张挂毡，我们能看到的只是背面，充满纵横交错的线条和累累的结，上帝从上看到下面，是一张完全的图画。

"若干年前在非洲的钻石矿场中发现了世上最华贵的大钻石，这颗钻石送给英王用以装饰他的冠冕。英王将这粒钻石送到阿姆斯特丹，由一个最负盛名的宝石技师负责切磨。你猜他做了甚麼呢？他将那巨形钻石拿在手上，观察一番，在上面凿了一条凹痕，然后用他的特殊的工具在上面用力一锥，巨大钻石竟被分为二，多么鲁莽的举动！但不然，他那一锥是他用了很多时日研究计划所作出的行动，他做出的那粒钻石可被凿成的各种可能图案和模型，钻石的特质、瑕疵裂痕，都已被详细研究清楚。这样，他那一锥是错误的吗？绝对不是的，那正是他精工技术的最高表现。外行的人看起来，那一锥破坏了钻石的完整性，其实是使那粒钻石达到真正完美境界的提升。因为这位高级技师看出只有这样做，才能将钻石的瑕疵除去而将它变成二粒华丽无比的宝石。""有时，上帝让一个沉痛的打击落在你身上，使你畏惧震惊，心灵的深处唉哼呐喊，抗议不平。那一击在你看来是个严重的错误，其实在上帝的眼中，你有如一粒无价的宝石，祂要琢磨使你有一天被镶在祂的冠冕上灿烂夺目。当你完全躺在祂的手中时，祂知道如何雕凿你。经过祂慈爱的允许，没有任何凶恶可以临到你的身上，除非它带给你更深厚的祝福，使你进入更丰盛的属灵境地，超乎你所求所想的。"（麦刚奇）

终有一日，我们会醒过来，明白我们一生所经历的原因和目的。那时我们会谦卑地说："愿你的旨意成全。"

第四求告

4. 我们日用的饮食，今日赐给我们。

这是什么意思？

诚然就算我们不求告，上帝也将日用饮食供应给我们。
　　祂也供应给恶人。
　但是在这个求告中，我们祈求
祂带领我们明白这事，并用感恩的心
　领受我们日用的饮食。

日用的饮食是什么意思？

日用的饮食就是日常身体上的一切所需，如食物、饮料、衣著、鞋、房子、家庭、田地、牧畜、金钱货物、一个敬虔的配偶、敬虔儿女、敬虔仆役、虔诚信实的统治者、好政府、好天气、平安健康、纪律、名誉、知己朋友、好邻居等等。

　这个求告正在七个求告的中间，也是惟一为了物质祝福的求告。以属灵的祝福而言，主祷文的安排是 6-1。但我们祷告时通常将此秩序倒过来，6-1 常常是为了物质的祝福祷告。

赐给： 我们在地上的一切所有都是上帝的赐与，我们就算不求告，祂也赐给供应，甚至也赐给恶人。基督徒和非基督徒的差别是：。虽然他们都从上帝得著日常的供应，只有基督徒承认这是从上帝而来的礼物，非基督徒就不承认，你饭前有作祷告吗？

我们，我们的： 我们应当吃自己的面包，我们不要偷来的面包。
我们也要分食物给较不幸的有需用的人。

日用，今日： 我们对将来不要焦虑急躁，上帝会每日供应，不要为明天烦忧。
　　　"赐给我所用的饮食。"（箴 30:8）
上帝以天上降下来的吗哪喂养以色列民，祂也用奇妙的方法在基立溪旁和一位寡妇家里喂养以利亚。
　　　"我从前年幼，现在年老，却未见过义人被弃，也未见过他的後裔讨饭。"（诗 37:25）

饮食： 就是日常一切所需，食物、饮料、住所、衣著、快乐的家庭、平安、好天气等等。

饮食，不是山珍海味，"只要有衣有食，就当知足。"（提前：6:8）

第五求告

5. 免我们的债，如同我们免了人的债。

　　　　这是什么意思？

我们在这个求告中向天父祈求不要察看我们的罪过，

　　　　也不要因我们的过犯拒绝我们的呼求。

因为我们所祈求的，我们一样也不配得著，

　　　　也不是因功劳所当得的。

　　　　但是愿祂仍向我们多施恩惠，

　　　　将这一切赐给我们。

因为我们每日所犯罪过甚多，照理本当受罚。

　　　　所以，我们应当甘心赦免得罪我们的人，

　　　　也甘心乐意善待他们。

赦免 — 接受，付出

　　我们都犯了很多罪，正如马太所说，我们负了很多"债"；比如做错了事、罪过也。当做的不去做，疏忽之罪也，我们得罪自己，也得罪人，更得罪天父。

　　所以，我们的债务堆积如山，为了基督的缘故，上帝愿意挪去我们罪债的山。既然如此，我们应该甘愿挪去他人在一些小事上得罪我们的事。如果我们不肯赦免别人，到晚上我们祷告时又说"求你赦免我们，如同我们赦免了他们。" 这样，我们不是正祈求咒诅吗？

　　我们甚至要赦免我们的敌人，我们当尽力效法耶稣的榜样。当祂被钉在十字架时，祂还向父神为人代求，"父啊，赦免他们，因为他们所做的，他们不晓得。"之後，也有圣徒跟上祂的脚踪。我们想到司提反殉道时，石头如雨一般向他投下，他却仍能跪下来高声呼求说，"主啊，不要将这罪归到他们头上。"我们也想到雅各从圣殿的高处被拖出去赴难时，用最后的一口气祈求说，"主啊，赦免他们，因为他们不明白他们所做的。"我们想到约翰哈斯，当他殉道被火烧时，他向天父祈祷说，"主啊，求你本你的慈悲赦免我的一切敌人。"法国皇帝路易十二世将十字架放在他的每一个敌人的名字上，藉以提醒他们基督所负的十字架，和从十字架发出来爱敌人的爱心。赦免就好像一朵被践踏的花发出香气，回报给践踏花朵的脚跟一样，"你们饶恕人的过犯，你们的天父也必饶恕你们的过犯，你们不饶恕人的过犯，你们的天父也必不饶恕你们的过犯。"（太 6:14,15）

　　印地安人讲和时将战斧埋在土里，却让斧柄突出土来。这不算是真正彻底的赦免。我们要乐意善待得罪我们的人，这就证明我们赦免的诚意了。

第六求告

6. 不要叫我们遇见试探。

这是什么意思？

上帝诚然不试探人。

但我们藉这个求告祈祷上帝庇护保全我们，

免得魔鬼、世界和我们的肉体迷惑，

或引诱我们陷入不信、绝望、和各种羞耻、邪恶里。

虽然我们备受攻击，帮助我们坚持到底，

克服困难而得胜。

试探是什么意思？

在圣中经，"试探"一词有两个意思。例如在一处经文中我们读到"上帝曾试探亚伯拉罕"，但在另一处经文却说："祂原不试探任何人。"这样是否圣经有矛盾呢？不相信的人会很快说是有矛盾，但是我们要记得试探有以下两个意思：

(1) 试探是指引诱人犯罪的意思。

这种试探永远不是从上帝来的（参雅1:13）。

(2) 试探解作考验信心的意思。

"上帝确曾试探亚伯拉罕"，就是说"上帝曾考了亚伯拉罕的信心。"

在雅1:2,3这个词得到清楚的诠释，"我的弟兄们，你们落在百般的试炼（这里试探被译作试炼）中，都要以为大喜乐，因为知道你们的信心经过试验就生忍耐。

例子：将一重物连在一根绳子上，目的不是要把绳子弄断，乃是要测出绳子的韧力；技工在热炉中加压，目的不是要使热炉爆炸，而是要确定热炉所能承受的压力。火箭要反覆经过很多试验，以确定它的可靠性。有些试验也不单是为了测试，也是为了改进。当一位水手在暴风中驶过一条危险的海峡，或者一个将军在失利的情形下面对一个比自己强大的军队作战时，他的技巧和勇气不单受到考验，也会因此得著改进。因此从考验中可以获得宝贵的经验，技能可藉著熟练而生巧。同样，信心藉考验而变得坚强，忍受痛苦会锻炼出忍耐。

当我们祷告说

"不要叫我们遇试探"

我们是在向神呼求

不要让撒但引诱我们，如果他的试探来临，

求上帝加给我足够的力量抵抗他。

第七求告

7. 救我们脱离凶恶。

这是什么意思？

我们藉著这个求告，作为所有祈求的总结。

就是求天父拯救我们脱离身体、灵魂、
财产和名誉上的各样的凶恶；
到我们临终的时候，赐我们安然去世。
并且施恩将我们从这个泪泉幽谷接到祂所在的天堂里。

求主除去在身体、灵魂、财产和名誉上的各样的伤害，
最要紧的是，救我们脱离不虔不义的死亡。

於此时求主赐我们力量来承受信心的试验。
主啊，如果你不愿将我们背上的困苦重担挪去，
求你加添我们的力量，使我们有能力背负这些重担。

祷告：　你是一切相信你的人的救主，
帮助我们走完一个基督徒的人生，好蒙你悦纳。
若你愿意，照你所定的时间，
让我们无痛苦地安然离世到天家，
和其他一切蒙你所召的圣徒相聚在一起，
没有羞耻，全无瑕疵，阿们。

总　结

因为国度、权柄、荣耀，全是你的，直到永远，阿们。

阿们是什么意思？

就是我们确实知道天父已经垂听了我们的祷告，
也已蒙祂悦纳应允。
因为祂曾亲自吩咐我们这样祷告，
并且应许会垂听我们的祈求。

"阿们，阿们"的意思就是"是的，是的"，必将如此成就。

因为国度是你的 — 宇宙万物都属於你。

权柄是你的 — 你有权能赐给我们所求。

荣耀是你的 — 一切荣耀归於你，我们感谢你。

阿们 — 一切必将如此成就，我凭藉信心所求的一切，祂会照著祂自己的意思合时的赐
给我。

圣诗：454, 455, 458。

> 祈求乃是信徒呼吸，
> 信徒生活空气。
> 祈祷是他临终口号，
> 升天入门印记。　　(454.5)

祈祷：

全能的上帝啊，我们知道自己是何等的软弱，也相信你是何等的刚强，求你赐给我们满有你的慈爱乐意帮助，从今时直到永远。奉圣子我们的主耶稣基督的名求，阿们。

祈祷二：

主啊，求你在我们困苦的生活中不断地支持我们，直到日影西斜，黑夜来临，直到这世界的喧嚣开始沉寂。生活的烦热退却，直到一日的工作完了。主啊，以你的慈悲求祈赐给我们安全的住宿，圣善的安息，晚上的安宁。奉我主耶稣基督的名求，阿们。

读经

课题重点

路　12:1-13	....
太　5:14-16	....
创　50:15-21	....
太　18:23-25	....
太　4:1-11	....
创　22:1-19	....
路　2:25-35	....

教义问答复习
主祷文

(1) 为什么我们说 "我们的" 父而不说 "我的父" 呢？　藉著在基督里的信心上帝是一切相信基督的人的父亲，我们同属一个家庭，所以我们一齐共同祷告，也彼此代祷。[1]

(2) 为什么基督要我们称上帝为我们的 "父" 呢？　因为基督要我们坦然无惧的来亲近上帝。

(3) "在天上的" 一词提醒了我们什么呢？　它提醒了我们上帝是超乎一切的，祂可以在任何情况下帮助我们。

(4) 我们在第一求中向上帝求些什么？　求圣道被正确无误的传开，也让我们能够活出圣经的教训来。[2]

(5) 我们在第二求告中向上帝求些什么？ (1)让我们可以进入上帝的国度；(2)也让他人可以进入祂的国度；(3)基督快来接祂的儿女上天堂。[3]

(6) 我们在第三求告中向上帝求些什么？ 求上帝摧毁那三种不圣洁的意图，引导我们遵行祂的旨意。[4] [5]

(7) 我们在第四求告中向上帝求些什么？ 让我们以感恩的心接受享用我们生活一切的需要。[6]

(8) 我们在第五求告中向上帝求些什么？ 求祂赦免我们的罪。[7]

(9) 既然上帝赦免我们的罪，我们有何诺言？ 我们也会赦免他人对我们的罪过。

(10) 我们在第六求告中向上帝求些什么？ 求祂帮助我们可以胜过从魔鬼、世界和我们肉体而来的一切试探和引诱。[8]

(11) 我们在第七求告中向上帝求些什么？ 求祂救我们脱离身体灵魂上的一切凶恶，也特别求祂在我们离世时给我们一个善终。[9]

(12) 这里的颂词是什么？ 因为国度、权柄和荣耀全是你的，直到永永远远。

(13) "阿们" 的意思什么？ "阿们" 的意思就是 "是的，必要如此成就。" 我以真诚的信心向上帝所求的一切，祂都会照著祂的旨意和时候赐给我。

引证经文

1) 所以你们因信耶稣基督都是神的儿子。（加 3:26）
2) 求你用真理使他们成圣，你的道就是真理。（约 17:17）
3) 日期满了，上帝的国近了，你们当悔改，信福音。（可 1:15）
4) 祂愿意万人得救，明白真理。（提前 2:4）
5) 神的旨意就是要你们成为圣洁，远避淫行。（帖前 4:3）
6) 万民都举目仰望你，你随时给他们食物，你张手，使有生气的都随愿饱足。（诗 145:15-16）
7) 你们站著祷告的时候，若想起有人得罪你们，就当饶恕他，好叫你们在天上的父，也饶恕你们的过犯。（可 11:25,26）
8) 但主是信实的，要坚固你们，保护你们脱离那恶者。（帖後 3:3）
9) 主必救我脱离诸般的凶恶，也必救我进祂的天国。（提後 4:18）

习 作

I 熟读本课的教义问答复习。

II 背诵并学习应用所有引证经文，或下列经文 No.......... 。

III 教义问答 — 我们应该承认哪一些罪？（认罪）

第廿一课

圣洗礼
圣礼是什么？

圣礼是一个神圣的举动，为上帝亲自设立的。

有形的 ————————————— 上帝
媒介 ————————————— 的道

罪得赦免

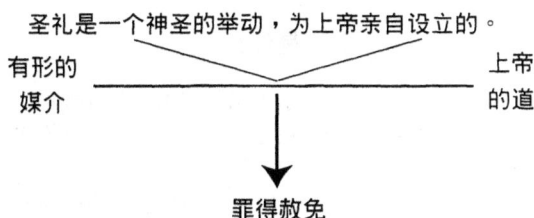

婚姻是一个圣礼吗？　　是否是一个神圣的举动？　是。
　　　　　　　　　　　　　是否为上帝亲自所设立？　是。
　　　　　　　　　　　　　有无任何有形的媒介？　有。
　　　　　　　　　　　　　藉著婚姻有无得著罪的赦免？　没有，
　　　　　　　　　　　　　　　　所以婚姻不是一个圣礼。

坚信礼是一个圣礼吗？　　是否是一个神圣的举动？　是。
　　　　　　　　　　　　　是否为上帝亲自所设立的？　不是。
　　　　　　　　　　　　　有无任何有形的媒介？　无。
　　　　　　　　　　　　　罪有无因此得著赦免？　没有。
　　　　　　　　　　　　　　　　所以坚信礼不是一个圣礼。

洗礼是一个圣礼吗？　　是否是一个神圣的举动？　是。
　　　　　　　　　　　　是否为上帝亲自所设立？　是。（马太28章）
　　　　　　　　　　　　有无任何有形的媒介？　有，水。
　　　　　　　　　　　　有神的话参与其中吗？　有。
　　　　　　　　　　　　有罪得赦免吗？　有。
　　　　　　　　　　　　　　　所以洗是一个圣礼。

主的圣餐是一个圣礼吗？　是，原因与上同，媒介是饼和酒。
圣礼只有两个：圣洗礼和圣餐礼。

（一）洗礼的性质
什么是洗礼？

洗礼不单是用一般的水，
　　　　乃是水包含在上帝的命令中，
　　　　　　与上帝的道联合。

那麼上帝的道是什么呢？

我们的主基督在马太末章说：
"你们要去使万民作我的门徒，
奉父、子、圣灵的名，给他们施洗。"

洗礼是什么？

洗礼不单是一般的水，乃是赦罪的水，属灵的水，上帝所命定与祂道相联合的水。保罗说这道是上帝的大能使人进入救恩，这道也使我们得著智慧而进入救恩。这道与水联合，赋以能力，洗礼是水和道的联合。

"奉父子圣灵的名......."并不是一个符咒，乃是圣道的精粹，宣讲的福音，圣三一体永远与道联合。

教义的所在

太 28:18-20

基督说	—	祂设立这个神圣的举动。
你们去	—	一般的情形是传道人施洗，但在紧急状况下，任何基督徒都可以施洗（参阅圣诗本中"在必需情况下，圣洗礼的简单仪式"。）
教	—	使他们作门徒。
万民	—	成人儿童，男女老少。
施洗	—	用水滴洒、浇灌、洗濯或浸入水中。奉父子圣灵的名施洗。

儿童也应该受洗，因为

(1) 他们也在万民之内。（太 28:19；徒 2:38,39）
(2) 他们也有罪，需要洁净。（约 3:5,6）
(3) 就我们所知，只有通过洗礼才可以引导小孩得著信心和罪的赦免。
(4) 他们也可以相信。（太 18:6）
(5) 圣灵也以可以在他们的心中作奇妙的工作，使他们重生，一如成年人。
正如路德指出，成人也只有靠圣灵才能得著重生。

教父教母

(1) 是为要见证婴孩已经循正当方式受了洗。
(2) 帮助照顾小孩，使他得著基督教的教育和培养，尤其在生父母离世或失责的情形下。
(3) 为小孩祷告。

那一种洗法才算是正确呢？

"施洗"二字是由希腊文的"baptizein"而来，有洗濯、浇灌、泼洒、或浸入水中的意思。所以用上面任何一个方法都算是正确。
让我们看一下圣经对"施洗"一词的用法。

洗濯

施洗一词，是用作"洗濯"的意思，在希9:10中这个字就是这个意思。这里的"诸般的施洗"就是"诸般的洗濯"的意思。

在可7:4我们读到，"他们（法利赛人）从市上回来，若不洗浴（希腊文是施洗），也不吃饭，还有好些规矩，他们历代拘守，就是洗（洗礼的洗）杯、罐、铜器和桌子等物。"我们可以想像法利赛人浸洗他们的杯、罐、铜器等物，但如果他们每次外出回来，一定浸洗他们自己和桌子，就难於相信了。

浇灌

在圣经中，"施洗"亦被用作"浇灌"的意思。

在五旬节日，当他们都被圣灵充满时，彼得就想到这应验了先知约珥的预言"在末後的日子，我要将我的灵浇灌凡有血气的。"

施洗约翰也曾对基督作同一件预言，说："祂（基督）要用圣灵和火向你们施洗。"（马太3:11）

滴洒

同样滴洒也是一个正当的洗礼方式，它提醒我们在受洗时，赎罪的宝血洒在我们身上。（希10:20；彼前1:2）

浸洗

浸信会人士特别注重浸洗的洗礼形式，而且只接受这种形式。浸信会对那些受洗时未用浸洗方式的人，会重新再施洗一次，因为对他们来说，一定要"浸入水"才算是施洗，而且在基督教的初期，施洗都是实行浸入水中的方式。

亚别米亚教授对此有如下的作答："无可否认的浸洗礼在使徒时代就通行了。例如我们读到腓利和太监（徒8:38,39）"腓利和太监同下水去，腓利就给他施洗，从水里上来，主的灵把腓利提了去，"太监也许是被浸入水中施洗，但经文本身没有明文说明。

"浸入水中可说是完善地代表老亚当已经被溺毙了，并且一个新人再生出来。这在气候热的地方是极可行的方法，但是我们无法证明在使徒时代施洗是一定用浸水礼。试想一日三千人受洗加入教会，如果每人都要被浸入水中的话，这是难以置信的一回事。

"还有在使徒行传十六章，我们读到保罗和西拉被监禁，结果监卒归信了主的事，'他们就把主的道，讲给他和他全家的人听，当夜就在那时候，禁卒把他们带去，洗他们的伤，他和属乎他的人，立时都受了洗。'看来几乎不可能，在监卒的家中可以有适当的地方用浸水礼施洗，当时很多家庭教会实行浸礼也有同样的问题。就算早期基督徒只用浸水礼施洗，也不能证明我们一定要如此做，否则我们就应该做很多他们那时做的事了。"（教义问答讲章303页）

这个辩论可以从下面一个问题的答案得到解说，究竟"施洗是甚麼意思呢？"而答案是：施洗的意思是水洗濯、浇灌、滴洒或浸入水中的意思。水的多少不是问题，一手掌的水或一条溪水、静水或流水都无分别。主只说用水"施洗"却没有规定水的质量、数量或用水的方法，留给基督徒自由取选。为了方便，我们选择了滴洒或浇灌，要紧的是奉三位一体真神的名用水施洗。

圣诗：298, 301, 302

> 受浸归入主你的圣名，
>> 啊，圣父圣子和圣灵。
> 我虽软弱卑微得名分，
>> 成了後嗣，你的选民。
> 与基督同葬罪已死，
> 从此圣灵我心中活。　　298.1

祈祷

慈悲的天父，我感谢你让我藉著圣洗礼进入了你恩典的国度和新约，使我的罪得赦免，得著永生，藉著洗礼与基督同埋葬。求你垂听我所求，让我可以向罪死而向义活，使我最後能够和我的父母与众圣徒同得你应许在天上的基业。奉圣子我主耶稣基督的名求，阿们。

读经

课题重点

太	3	....
徒	16:12-15	....
徒	16:16-34	....
徒	8:26-40	....
徒	22:1-16	....
可	10:13-16	....
路	7:30	....

教义问答复习

(1) 什么是圣礼？　一个圣礼是一个神圣的举动，为上帝亲自设立。藉著媒介使我们的罪得到赦免。

(2) 有几个圣礼呢？　两个：圣洗礼和圣餐礼。

(3) 在这两个圣礼中，有形可见的媒介是什么？　(1)圣洗礼可见的媒介是水；(2)圣餐礼中可见的媒介是饼和酒。

(4) 与可见的媒介联合的是什么？　上帝的道。

(5) 在圣礼中，我们得著什么供应、恩典和印证？　罪的赦免、永生和救赎。

(6) 洗礼是什么？　洗礼是赦罪 — 水。

(7) 洗礼是谁设立的？　是我们的主基督所设立的。[1]

(8) 去施洗的命令是给谁的呢？　给教会。

(9) 教会如何将这命令实行出来呢？　教会呼召一个牧师，然後通常是由牧师施洗。

(10)在不寻常的情况下，谁可以施洗呢？　任何基督徒。

(11)洗礼如何施行呢？　用水奉父子圣灵的名。[1]

(12)为什么浸入水中不是惟一施行洗礼的正确方法呢？　因为当基督设立洗礼的时候，祂只单用一词，就是"用水施洗"。

(13)我们可以使用什么方式用水施洗呢？　洗濯、浇灌、滴洒或浸入水中。

(14)我们一般用何方法以水施洗？　用滴洒或浇灌的方式。

(15)谁当受洗？　万民。[1]

(16)万民是什么意思？　成人和儿童。[2]

(17)对那些反对小孩可以受洗的人，我们应该如何作答？

    (1) 小孩也在万民之列内；[1]

    (2) 小孩一出生就有罪，需要受洗使罪得赦免；

    (3) 就我们所知，我们只有通过洗礼才可以引导小孩得著信心和罪的赦免。[3]

    (4) 小孩也可以相信。

(18)为什么我们在婴儿受洗时有教父教母？

    (1) 教父教母可以见证小孩已经循正当方式受洗了。

    (2) 他们可以帮助小孩得著基督教的教育和培养，尤其是如果生父母离世或失责。

    (3) 他们要为小孩代祷。

引证经文

1) 所以你们要去，使万民作我的门徒，奉父子圣灵的名，给他们施洗。（太28:19）

2) 彼得说，"你们要悔改，奉耶稣基督的名受洗，叫你们的罪得赦，就必领受所赐的圣灵，因为这应许是给你们，和你们的儿女，并一切在远方的人，就是主我们上帝所召来的。（徒2:38,39）

3) 让小孩子到我这里来，不要禁止他们，因为在上帝的国，正是这样的人。（可10:14）

习　作

Ⅰ　熟读本课的教义问答复习。

Ⅱ　背诵并学习应用所有引证经文，或下列经文 No.......... 。

Ⅲ　教义问答 — 复习施洗，钥匙职和认罪礼。

（复习要道五）。

第廿二课

圣洗礼

（续）

2. 洗礼的祝福

洗礼会带来什么益处呢？

洗礼使罪得赦免；救人脱离死亡和魔鬼；
　　又赐永恒的救恩给一切相信的人，
　　就如上帝的道和应许所宣告的一样。

上帝的道和应许又是什么呢？

　　我们的主基督在马可福音末章说：
　　　　"信而受洗的，必然得救，不信的必被定罪。"

洗礼的益处有三件：　　　罪得赦免，徒 2:38
　　　　　　　　　　　　　　脱离（死亡和魔鬼）
　　　　　　　　　　　　　　永生，可 16:16

　　藉著洗礼，我们成为上帝的儿女，是加入新约的印证。
　　一个人可以不藉著洗礼而得救吗？原则上我们必须受洗（约3:5,6），但如果有人相信了，但没有机会受洗，他是会得救的。使我们得救的原因是相信基督。例子一 与主同钉十字架的强盗。但如果有人说，"我相信基督，但是我不要受洗"，那他只是在蒙骗自己，其实他不是真相信基督。如果我相信基督，也应该相信圣洗礼，因为洗礼是主基督亲自设立的。

3. 洗礼的能力

水怎能成就这样大的事呢？

　　水本身是不能成就这样大的事，乃是**上帝的道**在水中与水相联合，并信心，就是相信联合於水中的圣道。
如果没有上帝之道的联合，水不外是普通的水，
不是洗礼，要与上帝的道联合，才是洗礼，
水就成为藉以蒙恩的生命之水，也是藉圣灵重生的水。
保罗在提多书三章里说："照著祂的怜悯祂救了我们，

藉著重生的洗，和圣灵的更新。
圣灵就是上帝藉著耶稣基督我们的救主，
厚厚浇灌在我们身上的。
好叫我们因祂的恩得称为义，
可以凭著永生的盼望成为後嗣。（提 3:5-7）
这话是可信的。

洗礼的能力

　　　　上帝的道（在水中与水联合）。

　　　　和信心（相信那在水中与水联合的上帝之道）。

　　例子 — 比如我手上有一张纸写著"支给铎约翰一百元"，那张纸本身值得多少钱呢？

　　一文不值。但是当我签上了名，而我在银行的户口确实有足够的存款，也就是说我有能力履行我的诺言，那支票可随时被拿到银行去兑现，那张纸就值一百元了。

　　一百元，但如果收票人不相信我能履行我的诺言，也不去银行支取兑现，这样那张支票对他来说就不值一百元了。

　　洗礼也是一样，这里用的水，不外是普通的水，也是一文不值。但耶稣说："你用这水，奉著三位一体的上帝的名受洗，我就赦免你的罪。所以那能力不在乎水本身，而是由於有耶稣的应许作後盾。

　　如果你信，洗礼的水就有此能力。

　　所以使这水有此能力的有二件事：上帝的道和信心。

我们可再用一图画来解释：
这里有一个洗礼盆盛著水，有两只手

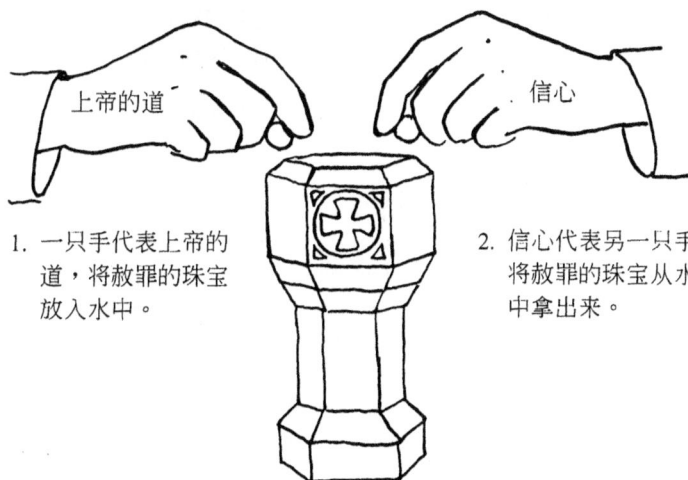

上帝的道　　　　信心

1. 一只手代表上帝的道，将赦罪的珠宝放入水中。

2. 信心代表另一只手将赦罪的珠宝从水中拿出来。

4. 用水施洗的意义

用水这样施洗表明了什么？

这表明在我们里面的老亚当，同一切恶念和私欲，
　　应该藉著每日的忏悔和改过被淹没而死，
　　并且每日活显出一个新人来，
　　叫我们可以永远在圣洁和公义里活在上帝的面前。

这道理在哪里有记载呢？

保罗在罗马书六章说：“我们藉著洗礼归入死和基督一同埋葬，原是叫我们一举一动有新生的样式，像基督藉著父的荣耀，从死里复活一样。”

洗礼的意义

污秽（经过） 洗礼（成为） 清洁（一次）
污秽（经过） 悔改（成为） 清洁（每日）
我们洗礼的誓愿是藉著每日过基督徒的生活来事奉上帝。

圣诗：445, 444, 446, 451

当我名蒙呼召，重生已成基督徒，
上帝所爱儿女，承受天上基业。
今以基督徒身份，尽力荣耀神，
时刻不忘谨守，当初受洗誓愿。
主日学圣诗 233.1

祈祷：

重许洗礼誓愿：主啊，求你使我永远不会以基督被钉死在十字架上为羞耻，并在袘的旌旗下，向罪恶世界和魔鬼勇敢作战，使我一生都是基督的忠心仆人和精兵，阿们。

读经

课题重点

约	3:1-21	....
加	3:26,27	....
可	16:15,16	....
罗	6:1-11	....
多	3:3-7	....
路	6:36-45	....
出	14:21,22	....

教义问答复习

(1) 洗礼会带来何种的祝福？　罪的赦免、永生、救赎。 1) 2) 3) 4)

(2) 谁会得著洗礼的祝福？　一切相信的人。

(3) 奉谁的名受洗？　奉父子圣灵的名。

(4) 藉著洗礼你成为谁的儿女？　藉著洗礼我已成为上帝的儿女，教会的一员，并要承受天上的基业。 5)

(5) 水怎样能为你作这些呢？　不单是水而是上帝的道和信心。 6)

(6) 你的洗礼应使你有何感受呢？　我时时感到快乐。

(7) 你受过几次洗礼？　只有一次，但我每日都应该重许我洗礼的誓愿。

(8) 洗礼的誓愿是什么？　我弃绝魔鬼，和属魔鬼的一切工作和权势，我相信父子圣灵。愿上帝帮助我一生敬虔度日，直到离世返天家。

引证经文

1) 你们各人要悔改，奉耶稣基督的名受洗礼，叫你们的罪得赦。（徒 2:38）

2) 起来，求告他的名受洗，洗去你的罪。（徒 22:16）

3) 所以你们因信基督耶稣，都是上帝的儿子。你们受洗归入基督的，都是披戴基督了。（加 3:26,27）

4) 洗礼现在也拯救了你们。（彼前 3:21）

5) 但如今你们奉主耶稣基督的名，并藉著我们上帝的灵，已经洗净成圣称义了。（林前 6:11）

6) 基督爱教会，为教会舍己，要用水藉著道，把教会洗净，成为圣洁。（弗 5:25,26）

习　作

I　熟读本课教义问答复习。

II　背诵并学习应用所有引证经文，或以下经文 No.......... 。

III　教义问答 － 甚麽是圣礼？（这道理在哪里有记载？）

IV　祈祷：用本课祈祷文 140 页。

第廿三课

钥匙职

钥匙职是什么？

是基督赐给祂地上教会的特权，
> 用以赦免懊悔者的罪，
> 却要留下不懊悔者的罪，
> 直到他们悔改。

这道理哪里有记载呢？

传道人圣约翰在他的福音书廿章记著说：
> "主耶稣向他的门徒吹了口气，说你们受圣灵，
> 你们赦免谁的罪，谁的罪就赦免了。
> 你们留下谁的罪，谁的罪就留下了。（约廿:22,23）

传道赦罪的职事

根据上述经文，你相信什么呢？
（约 20:22,23）

我相信：
> 当奉召的基督里的神职人员（按：通常是牧师）
> > 按著基督神圣的命令对待我们，
> > 特别将明显不悔改的罪人逐出基督教会，
> > 或是赦免那些悔改离恶迁善的人，
> > 这些事在天上同时是确定而有效的，
> 一如我们亲爱的主基督亲自对待我们一样。

耶稣给了教会以下的权柄
> (1) 传讲上帝的道。
> (2) 施行圣礼。
> (3) 赦罪或留下罪。

　　这些权柄为教会所"特有"，就是说"属於"教会的。政府没有这样的权柄，这是普世教会，也是每一个当地教会所有的特权。

1. 传讲上帝的道。

基督将这个特权给教会，但教会不能在星期日的崇拜中让所有的会员上台讲道，这样怎样行呢？教会选召一个代表，作为发言人，也沿著正式的按立仪式公认他是教会的代表发言人，教会於是将来自基督的权柄委派给他。所以当神职人员（牧师）传讲福音，他是代表教会发言，或者更推上一步，他是代表基督的发言人。

注：牧师职是一个神圣的制度。（徒 20:28；弗 4:10-12）

注：每个会员都应该参与个人传福音工作，就是"一对一"传福音的工作。

（一）		（二）		（三）
基督	将权柄给	**教会**	教会再给	**牧师**

2. 圣礼的执行。

基督将这个权柄给教会，但教会不需要全体来向一个小孩施洗，或分派圣餐。所以教会选召按立一个牧师，并将来自基督的权柄委任於他。所以当牧师施洗或分派圣餐时，他（三）是藉教会的名（二），或者再推上一步，是奉基督的名（一）而进行。

（一）	（二）	（三）
基督	**教会**	**牧师（执事）**

3. 赦罪或留下罪。

当基督留在地上的时候，祂曾告诉人：你的罪被赦免了。

例子：一 个瘫子（太 9:6）

在离世升天前，祂把赦罪和留下罪的权柄给教会。（约 20:22,23）

但是整个会众不便宣告赦免或留下某人的罪，所以教会将那权柄委托给牧师。所以当牧师赦免罪时，他（三）是代表教会（二）或再推上一步，奉基督的名（一）赦罪。

这个权柄就叫做钥匙职，一把钥匙是用来开或锁门的。罪将天国的门关上，罪得赦免，使天国的门重新打开。

当赦免谁的罪呢？

当赦免肯悔改者的罪，就是那些为罪忧伤，离开罪的人，并欢欣地归向基督的人。

当留下谁的罪呢？

那些不肯悔改的罪人，就是那些不为自己的罪忧愁，或根本不相信的人。他们的罪要被留下（不被赦免），直至他们悔改。

这个道理在教会中上是如何执行呢？

教会的管教

拿一个明目张胆不肯悔改的罪人作例，他需要从歧途被挽回来，再者，他已成为教会的瑕疵，他的行为触怒到其他会员，使他人跌倒。教会对这样的人应该如何处理呢？是否束手无策呢？不，绝对不会如此，因为教会可以行使钥匙职，依照太18:15-17，教会可以循以下四个步骤行。

(1) 若有人察觉另一位弟兄犯罪，就要去劝告他，他是这位弟兄的看护者。起初他不应告诉牧师。如果犯罪的弟兄听他的规劝，事情到此了结，不需再告诉任何人，也不可播散闲话。

   但是如果他不听劝，可循第二步骤。

(2) 他要找另外一个或两个弟兄一同去劝告他，要凭两、三个人的口作见证，句句都可以定准。

   如果犯罪的弟兄听劝，事情到此了结，倘若不听，可循第三步骤。

(3) 通知教会，教会请有过犯的弟兄面对全体会众，说明他的罪过，又劝告他。如果他接受规劝，问题也就解决了，他仍是教会的好弟兄，否则教会就要循最后一步行。

(4) 教会正式把他除名，逐出教会，禁止他参加圣餐，不再和他有交往。当他作外邦人或税吏。

   如果他不参加聚会，那他是自动退出教会。牧师代表教会宣告"他的罪被留下，在天上他的罪也不得著赦免，就像基督亲自对他这样处理一样。"

   但是如果过了一段时间，那犯过的弟兄肯悔改求赦免，重回教会，牧师可以代表教会赦免他的罪，他也再被接纳成为教会弟兄。

注：虽然上述的规劝方法分三步骤，主耶稣并没有教导我们只规劝罪人三次，我们可以有更多次的规劝。

圣诗：331, 329, 321, 320。

> 在地捆绑，我亦捆绑，
> 在地释放，我亦释放。
> 天国钥匙，教会掌管，
> 天堂之门，或开或关。　　　331,4

祈祷：

上帝啊，你的道路充满慈爱和真理，求你继续完成你的善工。我们因为软弱不能达成的，求你施恩成全，好让那些宣扬你的真道又参与上．天奥秘圣工的，能够被建在完美的信仰里，使他们纯沽的生活见证，如明灯发出光辉。奉圣子我主耶稣基督的名，阿们。

读经

课题重点

约　20:19-23	....
诗　130	....
路　15:11-32	....
路　18:9-14	....
太　26:69-75	....
太　18:15-20	....
林後　2:4-10	....

教义问答复习

(1) 基督给了教会什么特别的权柄？　(1)传讲福音；(2)施行圣礼；(3)赦罪和留下罪的权柄。

(2) 基督给谁有赦罪或留下罪的特权？　教会。

(3) 为什么这特权被称为钥匙职呢？　因为教会藉此职份有打开或关闭天国之门的特权。[1]

(4) 请背诵基督给教会此特权的经文。"你们赦免谁的罪，谁的罪就赦免了。你们留下谁的罪，谁的罪就留下了。（约20:23）

(5) 谁的罪当赦免呢？　肯悔改者的罪。[2]

(6) 谁是肯悔改者呢？　肯悔改者就是那些对他们所犯的罪诚心懊悔，又相信基督是使他脱离罪恶的救主的人。[3][4]

(7) 谁的罪应被留下？　不肯悔改者的罪应被留下。

(8) 谁是不肯悔改者？　就是那些对自己的罪不懊悔，又不相信基督是救主的人。

(9) 罪人不悔改时，天国之门会如何？　对他天国之门是关闭的。

(10) 教会处理不肯悔者的职责叫做什么？　教会管教。[5]

(11) 教会管教的最后步骤叫做什么？　革除教籍。

(12) 革除教籍是什么意思？　禁止参加圣餐，教会再不与之往来。

(13) 被革除教籍的人不能享受哪些基督徒的权益？　他不能领圣餐，不能作教父教母，不能得著基督教葬仪。

(14) 革除教籍的真正意义是什么？　使被革除的人悔改，对自己的罪过忧伤，求赦免，来教会再被接纳为弟兄。

(15) 教会将钥匙职交托给谁？　教会将钥匙职交托给牧师。

(16) 牧师是藉谁的名行使钥匙职呢？　是藉教会和基督的名。[6]

引证经文

1) 我要把天国的钥匙给你。（太 16:19）

2) 你们当悔改归正，使你们的罪得以涂抹。（徒 3:19）

3) 上帝所要的祭，就是忧伤的灵，上帝啊，忧伤痛悔的心，你必不轻看。（诗 51:17）

4) 当信主耶稣，你和你一家都必得救。（徒 16:31）

5) 倘若你的弟兄得罪你，你就去趁著只有他和你在一处的时候，指出他的错来。他若听你，你便得了你的弟兄。他若不听，你就另外带一两个人同去，要凭两三个人的口作见证，句句都可定准。若是不听你们，就告诉教会，若是不听教会，就看他像外邦人和税吏一样。（太 18:15-17）

6) 人应当以我们为基督的执事，为上帝奥秘事的管家。（林前 4:1）

习　作

I　熟读本课教义问答复习。

II　背诵并学习应用所有引证经文，或下列经文 No..........。

III　教义问答 − 论及的经文记载在哪里。（益处是什么？如何得著等......）

第廿四课

认罪和赦罪

认罪是什么

认罪包含两部份：

第一我们承认我们的罪。

第二我们从牧师领受赦罪，

　　　好像来自上帝自己一样。

　　　断不可疑惑，

　　　却要坚信我们的罪藉著这礼在上帝面前已蒙赦免。

当认些什么罪呢？

在上帝面前当承认一切的罪，

　　　连自己不知道的罪都要承认，

　　　像我们在主祷文所说的，但在牧师（赦罪者）面前

　　　我们只需承认我们心里所知觉的罪。

哪些罪是什么呢？

你要按著十诫看你的身份是什么，

　　　或为父亲、母亲、儿子、女儿、主人、主妇、仆役，

　　　你是否不孝、不忠、不勤，

　　　你的言语行为有没有得罪了人。

　　　你曾否偷窃，疏忽浪费或行了别种损害的事。

认罪包含两部份

(1) 承认罪过。

(2) 领受赦罪。

如果你踩到别人的脚你会说：	所以在上帝面前
(1) 抱歉，请原谅我，他会说	(1)我们承认我们的罪
(2) 没事的，我原谅你。	(2)我们得著赦免或解罪

让我们来看看这两部份

（一）认罪礼

在上帝面前认罪和在牧师面前认罪的
分别在於两个字

"一定"　　　和　　　　"可以"

在**上帝**面前我们 **一定要**承认所有的罪，

在**牧师**面前我们**可以**承认某些罪。

私下认罪，可以使我们放下心中重担，接受牧师属灵的指引和劝勉，得著个人赦罪的安慰。牧师必须遵守认罪诺印，严守秘密。

所以，很多教会在圣餐前有认罪登记的习惯，目的是给会友如果愿意有机会在牧师面前私下认罪。当然如果我们得罪了别人，无论如何，我们应该向他人认罪求赦。（太 5:23,24）

我们最好时常将我们心中的困扰和烦恼向牧师谘询。当我们身体有病时，我们会找医生，小杰克肚子痛，妈妈就带他去看医生，医生问了些问题，杰克承认吃了未熟的青苹果。於是医生对他说："杰克，你是不该吃未熟的青苹果。"然後医生开了一个药方给他。

同样，我们时常会犯心灵健康的律法，结果得著心灵的疼痛。如果我们聪明，我们应该来到耶稣面前向祂请教。我们也应当去找耶稣指派的属灵专家求助，也就是我们的牧师，我们向牧师忠实无遗地述说我们的困惑，牧师会同情我们，帮助我们找到一条出路来。有时我们不太清楚心灵上的烦恼从何而来，他会帮助我们找出来，然后从上帝的道中开出一个补救药方，使我们的心灵重得健康。当然有时我们需要再回来接受更多的治疗，就如有些病况需要多看几次医生一样。

原则上，当你一开始发觉心灵上有任何不对的地方，就应该去请教牧师，你的心灵的医生，最好的方法就是定时去找牧师，使他成为你忏悔的对象和你的最好朋友。

我们应该承认什么罪？

按著十诫对自己反省，可参考下列步骤：

(1) 我有无将上帝放在我生命中的第一位？我有没有避免一切的偶像崇拜和迷信？我有无嘲笑宗教，教会或圣工事奉？

(2) 我有无发咒诅，起假誓或随便发誓而致妄称了上帝的圣名？我有无触怒他人而使他咒诅或亵渎上帝？有无去相面或找巫师？

(3) 我有无固定参加礼拜和领圣餐？在教会我有无安静聆听讲道？相信并遵守其道？我有无忽略每日的灵修？

(4) 我有无孝敬父母和尊长？对长辈有无表示尊敬？

(5) 我们对他人有无怨恨？寻思复仇？有无对他人过意不去，伤害了某人的身心、感情？我有无帮助有病痛、贫困的人？

(6) 我有无与好淫荡的人作伴？有无喜好作非非之想？唱淫猥的歌曲？收听或讲述污秽的故事？爱看猥亵照片？我是否衣著端庄？有无在思想、言语、行为远避奸淫？

(7) 我有无偷窃？损坏他人的财物？或欺骗？

(8) 我有无作假见证恶意中伤他人？播散谣言、饶舌说短，诽谤人？作苛刻的批评？

(9) 我有无贪求任何属於他人的东西？有无嫉妒他人？

（二）赦罪

赦罪是由牧师（三）代表教会（二）和上帝的名（一）宣告，在天堂也一样确实有效。

圣餐仪式的前端就是认罪礼，也叫做"准备"，包括认罪和赦罪。参看颂主圣诗15页。

圣诗： 323, 324, 326, 327

> 我心为罪破碎叹息，
> 到你面前震憾哀哭。
> 赎罪赦免恩深厚，
> 求神向我多施怜悯。　(323.1)

祈祷：

> 我向全能的上帝认罪，在父子圣灵天使天军面前承认我在思想、言语、行为中多有罪过，是我的错，我自己的错，是我自己最令人伤痛的错过，我为此向全能的上帝呼求，施下怜悯、赦免我一切的罪过，好叫我的心灵洁白无污。
> 恳求全能慈悲的主，原谅赦免我一切的罪过，赐我懊悔的灵，生命的更生，和圣灵的恩典和安慰。阿们。

读经

课题重点

诗	51	....
约壹	1:5-10	....
撒下	12:1-14	....
撒上	7:1-6	....
王上	8:33-40	....
但	9:1-19	....
太	5:23-24	....

教义问答复习

(1) 认罪礼包含哪两部份？　包含我们承认我们的罪和接受解罪或赦罪。[1]

(2) 我们一定要在谁的面前认罪？　上帝面前。

(3) 我们是否一定要向曾经受过我们伤害的人认罪吗？　是的，诚然如此。[2] [3]

(4) 我们还可以在谁面前认罪？　在牧师面前。

(5) 当牧师赦罪时，他是奉谁的名而作呢？　他是奉基督的名赦罪。

(6) 他的赦罪有多确定呢？　在天堂也作为定准。[4]

(7) 私下认罪是必须做的吗？　不是必须做的，但是对你的心灵会有帮助。

(8) 私下认罪，还可以得著什么益处？　知道个别罪过得著赦免，心灵因此得著安慰。

(9) 圣餐之前应有什么仪式？　认罪和准备的仪式，*颂主圣诗*第 15 页。

(10)认罪礼有哪两主要部份？　公开认罪和公开赦罪两主要部份。

引证经文

1) 我们若说自己无罪，便是自欺，真理不在我们心里了。我们若认自己的罪，神是信实的，是公义的，必要赦免我们的罪，洗净我们一切的不义。（约壹 1:8,9）

2) 你们要彼此认罪，互相代求。（雅 5:16）

3) 你在祭坛上献礼物的时候，若想起弟兄向你怀怨，就把礼物留在坛前，先去同弟兄和好，然後来献礼物。（太 5:23, 24）

4) 凡你们在地上所释放的，在天上也要释放。（太 18:18）

习　作

I　熟读本课教义问答复习。

II　背诵并学习应用所有引证经文，或下列经文 No.......... 。

III　教义问答 － 吃喝圣餐会带来什么益处呢？（如此，谁配得领受这些圣礼呢？）

第廿五课

圣餐礼

圣餐礼是什么？

饼和酒
　　　　　　　　是我们主耶稣基督的真身体和血
为基督所亲自设立的
　　　　　　　　赐给我们基督徒吃与喝。

这道理在哪里有记载呢？

传福音的圣马太、马可、路加和使徒圣保罗在经上都写著：
"我主耶稣基督被卖那一夜，
　　　　拿起饼来，祝谢了，擘开，
　　　　递给门徒说：你们拿著吃，这是我的身体，为你们舍的，
　　　　你们应当如此行，为的是纪念我。

饭後也照样拿起杯来，
　　　　祝谢了，递给他们说：
　　　　你们都喝这个，
　　　　这杯是我的血所立的新约，
　　　　就是为你们流出来的，使罪得赦。
　　　　你们每逢喝的时候，要如此行，为的是纪念我。

圣餐礼的各种名称

圣坛礼 — 在圣坛前举行和接受的圣礼。

主的晚餐 — 祂所预备的晚餐，祂赐下天粮，晚餐是晚上的用餐，我们点上圣餐腊烛作为纪念。

主的桌 — 是祂摆开的桌，祂是主人。

擘饼 — 逾越节所用的饼本来是无酵饼，松脆易碎，所以可用手擘开，是一个来自圣经的名词。（徒2:42）

圣晚餐 — 有别於普通的晚餐。

祝谢 — 说祝福，感谢的话。"祂祝谢了"这个名称带给了圣餐礼欢乐庆祝的性质。

圣餐 — 一个身体、饼和基督身体的联合，酒和祂的血的联合。再者"我们都是同属一个饼、一个身体。正如我们一齐享用这一个饼，共饮这一个杯一样。（严格圣餐）

弥撒 — 是一个古老的名词。有时是指有圣餐的崇拜，也用来指圣乐礼仪：赞主颂、荣耀归於至高神、圣哉圣哉、至圣所、神的羔羊，如巴哈 B 小调之弥撒。这名词亦被用於我们路德会信仰的承（参看奥斯堡信条第廿四条 "弥撒"）。也是英文字圣诞节 (Chris-Mas) 字根的一部分。

主的晚餐是什么？

主的晚餐有两种媒介，看得见的和看不见的：

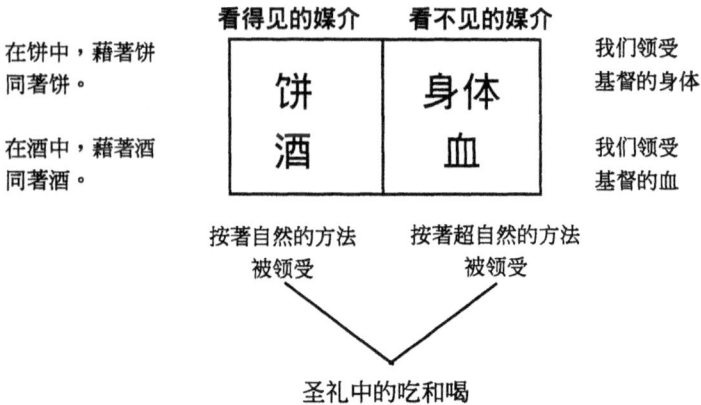

看得见的媒介	看不见的媒介
饼 酒	身体 血

在饼中，藉著饼同著饼。 … 我们领受基督的身体

在酒中，藉著酒同著酒。 … 我们领受基督的血

按著自然的方法被领受　　按著超自然的方法被领受

圣礼中的吃和喝

三种看法

罗马天主教把上图的第一行涂去；改革宗教会把第二行涂去；路德会两行都保留，因为这才是圣经的教训。

1	2
	身体 血

罗马天主教的人说："饼和酒变质成为（化质）基督的身体和血，饼已不再是饼，酒也不再是酒，他们更主张弥撒为献祭。基本斯红衣主教说："弥撒的献祭与十字架是完全相同的，有相同的牺牲者和大祭司－耶稣基督。惟一的不同在其供物，基督在十字架是流著血被献上，而在弥撒袖是没有流血地被献上，所以罗马天主教不给领受圣餐的人饮杯，只领受饼，他们敬拜圣饼。

1	2
饼 酒	

改革宗教会认为饼和酒只是"象徵"、"代表"或"图表"主的身体和血，他们说当我们看见牧师擘饼，我们会想到基督的身体在死时如何被破碎。当我们看到酒或葡萄汁从瓶中倒出，我们就想起基督的血在过去如何从袖的血管倾流出来。对他们来说主的晚餐只不过是一个纪念餐，一个美丽的纪念的仪式。我们对此回答说："这是，是，是我的身体和血。"

1	2
饼 酒	身体 血

路德宗的教导著重"真实存在",就是"同著那饼我也领受了基督的身体,同著那酒我也领受了基督的真宝血。"理由是

(1) 有四处的经文记载基督是如此说的。(太 26:26,28;可 14:22,24;路 22:19,20;林前 11:24,25)

(2) 保罗在林前 10:16,林前 11:27 也如此说。

(3) 这是基督亲自留下的遗训。

对我们来说,主的晚餐不仅仅是一个纪念性的筵席,但同时也是一个圣礼,是一蒙恩之道。因耶稣基督在十字架上所完成的救赎,上帝藉此邀请、赐给我们加上印证的赦罪恩典。

我们应该时常参加圣餐礼,以期获得罪的赦免。我们的教会多久举行一次圣餐礼呢?在我们的教会每次举行圣餐礼时,多数教友都会参加。路德曾说:"如果一个教友在一年中领不够四次圣餐的话,恐怕他根本上藐视圣餐,不是真基督徒。因为基督徒没有说你可不必作此,或说你可以藐视此事,却说:"你们要如此行,常常喝这杯。"— 你们要如此行,乃是祂的命令。

圣诗:304, 307, 313, 316

> 行近圣坛前,圣餐已摆设,
> 请吃主圣体,并喝主宝血。
> 圣体为你舍,宝血为你流,
> 祭司和祭物,都是主耶稣。　　307.1

祈祷:

> 赐下福份的耶稣,是你来亲近找我的,你藉著这个圣餐礼,将你的身体和宝血赐给我这个不配的仆人。求你预备我的心,好叫我领受了之後可以永不与你分离,愿你与父圣灵永掌王权,直到世界末了。阿们。

读经

课题重点

太	26:26-30	....
可	14:22-25	....
路	22:14-20	....
林前	11:23-29	....
徒	2:41-47	....
路	24:28-35	....
太	11:28-30	....

教义问答复习

(1) 谁设立了圣餐礼？　我们的主基督。

(2) 在圣餐礼中有哪两种媒介存在？　有可看见的和不可看见的。

(3) 可看见的媒介是什么？　饼和酒。

(4) 不可看见的媒介是什么？　基督的身体和血。

(5) 藉著饼你领受了什么？　基督的身体。

(6) 藉著酒你领受了什么？　基督的宝血。

(7) 你用什么方法领受饼和酒？　自然的方法。

(8) 你用什么方法领受基督的身体和血？　超自然的方法。

(9) 这种饼与（基督的）身体联合，酒和（基督的）血联合叫做什么？　圣礼的联合。[1]

(10)主晚餐是一个纪念性的筵席，或是一个圣礼？　两样都是。

(11)什么激励我们常常参加圣餐？　基督的命令，祂的应许和我们的需要。[2] [3]

引证经文

1) 我们所祝福的杯，岂不是同领基督的血么？我们所擘的饼，岂不是同领基督的身体么？（林前 10:16）

2) 你们每逢喝的时候，要如此行，为的是纪念我。你们每逢吃这饼，喝这杯，是表明主的死，直等到他来。（林前 11:25,26）

3) 凡劳苦担重担的人，可以到我这里来，我就使你们得安息。（太 11:28）

习　作

Ⅰ 熟读本课教义问答复习。

Ⅱ 背诵并学习应用所有引证经文，或下列经文 No.......... 。

Ⅲ 教义问答 － 这样，谁配领受这样的圣礼呢？（温习要道六）

第廿六课

圣餐礼
（续）

主的晚餐的益处
吃这饼，喝这杯，究竟有什么益处呢？

"为你们舍的，为你们流出来的，使罪得赦。"
　　这话指明了
　　就是在圣餐中，藉著这些话，
　　　　罪的赦免，永生和救恩都赐给我们了。
　　　　因为那里有罪的赦免，那里也有永生和救恩。

主的晚餐的益处有

(1) 坚固我们对罪得赦免的信心。当我们领受基督在十字架上赢得赦罪的同一个身体和血时，我们对基督为我们的罪舍命的信心，得到了双重的保证。
(2) 也坚固了我们对上帝并对他人的爱心。
(3) 表示每一个领受圣餐的人有相同合一的信仰，正如英文 "Communion" "一同合领" 的意思一样。

主的晚餐的能力
肉体的吃喝怎能行如此之大事呢？

诚然不是吃喝本身行了这大事，
　　　　乃是靠上帝的话，
　　　　"为你们舍的，为你们流出来的，使罪得赦" 才能成就。
　　　　因为除了肉体的吃喝外，在圣餐中最要紧的乃是这些话，
　　　　使一切相信的，都得著这些话所明言宣告的，就是罪得赦免。
　　　　所以能力来自上帝的话语和信心（请参看施洗礼比较）。

主晚餐的有效用法
这样，谁配领受这圣礼呢？

禁食和整饬仪容本是美好的外在准备，但是惟有相信神的话，"为你们舍的，为你们流出来的，使罪得赦"，才是最好的预备和真正配得领受的。

凡不信或疑惑这话的，就是未作好预备，也不配领受。因为 "为你们" 是要所有领受者都同心相信的。

例子 — 让我们想像有两个人站在坛前，一个是衣冠不整，蓬头垢面，但是在他的心灵深处，他相信这话"为你们舍，为你们流出来的，使罪得赦。"

站在他旁边的却是外表西装毕挺，衣冠楚楚的人，但是他的心却不相信这话："为你们舍，为你们流出来的，使罪得赦。"

你说这两个人中谁配领受圣餐呢？使他们配得的原因是什么呢？反过来说，如果那仪表端庄的绅士心中相信，那他就是配得领受的人。

禁食和仪表上的准备 — 有些会友宁愿在领圣餐前禁食，也有人在仪表的准备上花足了精神和时间，还有人一定要穿黑白礼服。这些都是甚好无妨，更要紧的是体会到领受圣餐是等于进入至圣所，因此一定要适当地预备他的身心，所以单靠禁食和仪容，不能使一个人配得领受。只有信心使人配得，就是对基督真实存在的信心，对罪得赦免的信心。

省察自己

我们应该问自己三个问题：
(1) 我对自己的罪有无忧伤痛悔呢？
(2) 我是否信靠基督？
(3) 我是否决意重新开始作个新造的人呢？

谁不应该领圣餐？

(1) 不虔诚和不悔改的人。
(2) 未受足够教训，或受了错误教训的人。
(3) 不能省察自己的人，如小孩、失去知觉的人、有严重神经错乱者。

坚振礼

为使小孩和未受足够教训的成人能够省察自己，我们有坚振礼，目的是使信仰得坚定。

坚振礼是在众人面前公开承认信仰的一个礼仪，公开承认基督。

公开重申洗礼的之约。

藉此被教会接纳成为领圣餐的教友。

你务要至死忠心，我就赐给你那生命的冠冕。

圣诗：305, 306, 308, 310, 335

> 中怀自觉感谢不尽，
> 蒙恩既大，沾惠亦深。
> 有立在心，胜获至宝，
> 我等喜乐，难以言告。 　　(309.2)

祈祷：

> 啊，我主耶稣基督，你以圣洁的身体喂养我，领我喝宝血的杯。你忍受的伤痛和死亡使我坚强。啊主耶稣基督，听我的呼求，将我隐藏在你的伤处，不要让任何事物使我和你隔绝。救我脱离那敌人恶者，保守我常存在真诚的信仰里，叫我能和众圣徒一齐颂赞荣耀你，从今时直到永远。阿们。

读经

课题重点

太	6:16-18	....
太	5:23,24	....
林前	10:16-21	....
太	22:1-14	....
可	7:24-30	....
启	3:10-13	....
启	7:9-17	....

教义问答复习

(1) 这吃喝有什么益处呢？可从"为你们舍的，为你们流出来的，使罪得赦"这话看出其中的益处。

(2) 从这个圣礼中，我们可以得著什么祝福？　罪得赦免。

(3) 这福气是如何赐给我的呢？　藉著圣礼中上帝的话语。

(4) 基督以什么来印证这圣礼中的道呢？　用祂的身体和血。

(5) 这样你对罪得赦免还有任何怀疑吗？　没有，相反的，是双重的保证。

(6) 属肉体的吃喝怎能行这样的大事呢？　诚然不是吃喝本身行了这样的大事。

(7) 那究竟靠什么行大事呢？　靠上帝的话和藉著信心。

(8) 谁是配得的领受者呢？　就是那些相信"为你们舍的，为你们流出的，使罪得赦"的人。

(9) 信心软弱的人也可以赴主的筵席吗？ 当然。[1) 2)]

(10) 领受圣餐前，要问自己哪些问题呢？ (1)对自己的罪有无伤痛懊悔；(2)我相信基督吗？(3)我是否决志重新开始，作个新造的人呢？[3)]

(11) 为使教友都能省察自己，教会举行什么礼仪？ 坚振礼。

(12) 简言之，在坚振礼中，你作何誓愿呢？ 对上帝和祂的教会至死忠心。[4)]

(13) 上帝对那些遵守这誓愿的人有何应许？ 上帝要赐给祂生命的冠冕。[5)]

(14) 你为什么要继续成为福音道路德会的会友呢？ 因为福音道路德会的信仰正确，教导圣经，只有圣经，完全的圣经。

引证经文

1) 我信，但我信不足，求主帮助。（可 9:24）

2) 到我这里来的，我总不丢弃他。（约 6:37）

3) 人应当自己省察，然后吃这饼，喝这杯，因为人吃喝，若不分辨是主的身体，就是吃喝自己的罪了。（林前 11:28,29）

4) 你要持守你所有的，免得人夺去你的冠冕。（启 3:11）

5) 你务要至死忠心，我就赐给你那生命的冠冕。（启 2:10）

习作

I 熟读本课的教义问答复习。

II 背诵并学习应用所有引证经文，或以下经文 No.......... 。

III 教义问答 － 温习要道六（温习所有六个主要部分）。

IV 本课祈祷文 － 第 157 页。

马丁路德的生平和事绩

(傅士得牧师著)

第一部份

教会的形成

基督命令他的门徒到世界各地去传福音。他们要先在耶路撒冷等候圣灵浇灌在他们身上。这事在五旬节（耶稣复活後五十日）奇妙地发生了。当日就有三千人归主作基督徒。从那日由耶路撒冷开始，福音已普及世界的每一个国家。

为了要遍传上帝在耶稣基督的恩典福音，教会必须被建立起来。使徒们建立了很多教会。在使徒中，保罗可算是最伟大的宣教士。你可举出一些保罗所建立的教会的名字吗？

这些在一固定处聚会的群众叫做"教会"。而所有基督徒合起来叫做"普世教会"（看不见的教会）。有别於看得见的当地教会。每一个当地教会选召一位善於教导的人，也称牧师（提前3:2；提後2:24）；供养他的生活所需（加6:6）。从一开始教会的工作就是去使万民作门徒，至今亦然。所以教会的建立有圣经作为根据。当然我们不要忘记教会不是为了有教会而存在，乃是为了它的信息而存在，我们要分清优先顺序：先有信息，然後才有教会。

教会的变质

教会本来是一个为信仰而受苦的组织，由於传讲基督和祂被钉十字架的信息，早期曾受到来自各方极严厉的逼害。"对犹太人来说是绊脚石，对希腊人来说是愚拙。"但後来教会慢慢被接纳，得到世界的支持。但同时教会也渐渐偏重属世的利益和结构，结果将所要传的信息摆在後头。当君士坦丁大帝（罗马皇帝，死於公元337）执政时，教会和帝国的政治联合为一，教会变成世界的一个权力中心，野心充斥神职人员当中；他们将神职划分等级。高阶层的称为"主教"，就是监督的意思。大城市的主教例如在罗马、耶路撒冷、君士坦丁堡、亚力山大和安提阿的主教开始，运用更多权力，其影响力也远大於其他地方的主教。而罗马主教和君士坦丁堡的主教渐渐成为最有权力的两个主教。当他们都想变成最高权力的主教时，教会就被分裂为二：罗马天主教和希腊东正教。罗马主教自称为全教会之首，自号"教皇"。紧随著教皇权威的成立，教会开始腐败走向下坡。属世的败风渗透了社会各阶层。

圣职人员的代求，教会的仪式和善工越来越被重视。虚伪的教义愈普遍，圣经失了权威，再不是信仰和生活的绝对权威。人的传统备受重视，甚至凌驾圣经权威之上。基督爱人，为万民舍命的甘甜信息，荣耀的福音被蒙蔽在云雾中。基督被描绘成严厉的法官，罪人一定要通过祂的母亲马利亚才能和他交通。导至对圣母马利亚和其他圣徒的崇拜。发自心灵的祷告被重复的祷文所取代，念珠也被发明采用。炼狱的教义，无血弥撒祭，不喝酒的圣餐礼，赎罪券的售卖等等，这些和其他不符合圣经教义的习俗，不断地向教会渗透，至使教会变质上至教皇，下至平信徒皆偏离正道，百病丛生，有待重整改革。

教会改革

很多正直敬虔人士都渴望一个彻底的教会改革。不少人士也曾作过尝试。例如卫克里夫在英国所作的见证，哈斯在波希米亚，沙文拿路拉在意大利各提出见证。可惜哈斯因此被烧死，而沙文拿路拉被送上吊。但最後靠著神的恩典，有一个人出来成功地改革教会，这人就是马丁路德，在历史上被誉为基督教的"大改革家"。

第二部份

（出生、求学、接任圣职、往罗马、大学教授）

马丁路德在1483年十一月十日生於德国的爱斯里本，他出生後第二天就受洗，因为那天刚好是圣马丁日，於是他得名为马丁。父母名叫约翰和马格丽特路德。他们是虔诚的教徒，但对小马丁的教养有过於严格之嫌（圣果插曲）。

六岁的时候，马丁进入在曼斯菲尔德的小山边的一个小学。校方规格严厉无情，所以他小时学习所知的耶稣不是一个仁慈的救主，而是一个让人望而生畏的严厉法官。他们向他灌输教导，要他时常向圣徒和圣母马利亚祷告才可以避开耶稣的忿怒。

十四岁那年，他进入了麦地堡高中，他要去逐家逐户唱诗才有饭吃（腊肠插曲，发烧）。

之後，他在爱森那克继续他的学业，在这段日子里，他在割塔和沙尔比的家花上很多时间，并作了小亨利沙尔比的家庭教师。

1501年，他进了尔福特大学，在那里，他1502年获得文学士学位，於1505年得到了硕士学位。

路德对宗教独有专诚。深深意识到他的罪。对死亡怀著恐惧。他有一天不小心用短剑 — 是当时每个学生都随身携带的一种短剑---- 在自己的腿上深割了一刀时，向圣母马利亚哭喊得不成样子。後来同年夏天，他几乎被闪电打著。他极其惊慌，双膝落地喊著说："亲爱的圣安妮，求你帮助我。"并当时就立誓如果性命得保，他要做一个修道士。果然不久，在1505年七月十七日，他进入圣奥古斯丁修道院成为一个修道士。他极想藉著各种粗重的工作，禁食和通宵祷告寻著心灵上的安宁。但是他做这一切"善工"，并没有使他心灵的烦恼平静下来。

在修道院路德找到了一本圣经全版。他如获至宝，热切地钻读。伟大的福音书带给他极大的平安。修道院长史道匹兹也开导帮助他，领他到那用宝血洗净一切罪恶的仁慈救主耶稣的面前。

1507年，路德被正式按立为修道士，1508年他受威登堡大学之聘，讲授哲学。不久他开始在修道院教堂讲道，引起广大的注意。

同年，他被调到尔福特大学。从那里，他被派前往罗马。他乐於得著造访"圣城"的机会，但是他在罗马所见所闻令他大为失望。

他从罗马回来後，又再被调回威登堡大学。这次委派任教神学。他因此可以全时间专心研究圣经，对他是何等快乐的一回事啊！他成为一位有名的神学家。威登堡大学於1512年颁给他一个神学博士学位。

第三部份

赎罪券的售卖 － 九十五条论题 － 火焚教皇训谕
沃木斯

　　时值利奥十世当教皇。他为了建造在罗马的圣彼得大教堂，需要用巨款。约翰铁赛欧是被委派售卖赎罪券人之一。铁赛欧因此事在德国引起相当大的波动。路德教区内的一些居民，也去买了赎罪券，以为他们的罪因此已得赦免，所以在领圣餐前就拒绝行认罪礼。路德知道这是错误的，从圣经的教训，他知道一个基督徒应在生活中每日不断地为自己的过错认罪悔改。他希望对此事有一个公开的讨论，原来每星期五下午在卡苏教堂都有公开辩论会举行。依循惯例，辩论题目当日都会贴在教堂的门上。路德於是准备了九十五条讨论题目，被称九十五论题。他於1517年十月卅一日将这些论题目在威登堡的卡苏教堂大门上。这些论题如大风一样吹遍了德国及更远的地方。教皇也听到了。但起初不以为意，以为不过是"修道士的内哄。"但不久他觉得必须采取行动。於是他命令路德在不久即将在奥斯堡举行的会议中向代表教皇的加耶单红衣主教报到。路德去了（1518年十月）。在此会议中，路德被令将他所写的一切凡举有关赎罪券的，都必须撤回。路德坚决不肯，因为他深信他所发表的是符合圣经的教训。路德更因此渐渐发现罗马教会的许多错误，就开始发表圣经真理的其他文件和书籍。教皇於是发下一道正式公函----训谕，命令路德在六十日之内一定要将他发表一切有关罗马教庭的评论作出悔改，否则他将被视作异端处置。但是路德凭良心，坚持他的立场，继续发表他所知的圣经的正确解释。

　　为了要表示他尊重上帝的话语甚於人的话语，他在一群学生面前将教皇的训谕在城墙上用火烧了。直至今日，在威登堡此地造有一个纪念碑上面写著「马丁路德博士於1520年十二月十日在此焚烧了教皇训谕」，以纪念他这个勇敢的举动。路德也以此表示他与罗马教会已完全脱离关系。後来於1521年四月在沃木斯会议，他再度被教皇利奥十世和查理皇帝第五召见。路德的朋友都为他的生命担忧，怕他不会活著回来。但是路德深信他应该奉基督的名毫无旁贷地去为真理辩护。他对真理的信念和上帝会保守的信心是如此坚定，他对那些劝他勿往的朋友们说："就算他们在威登堡和沃木斯中间筑一道火墙直达天庭，我也要奉上帝的名在魔兽的虎口中为基督的真理作证。"

　　当路德到了沃木斯的头一天下午四时，他被带到会议厅中。人群将街道挤得水泄不通。他只好绕道走小巷後院。刚要进入会议场所的时候，有一位年老的先生，是一位将军名叫佐治凤师保，轻敲他的肩膀说："小修道士啊！小修道士，你现在的处境比我和其他很多将军在最恶劣的战场上所经历的还要险恶，但是如果你对自己的使命是真诚而确信的话，你应该奉上帝的名挺起胸膛走上去。上帝必不离弃你。"路德到了会议厅前，他们就向他提出了两个问题：第一，放在他面前桌上的书籍是否是他写的；第二，他是否愿意收回这些书所写的立论。路德对第一个问题的回答是简单的"是"。至於第二个问题，他没有立即作答，要求当局给他一些时间作详细的考虑。他们给他廿四小时。路德当夜通宵为此事向上帝迫切祷告，次日下午四时，他再被召，来到会议厅。当他们再问他是否愿意收回所发表的议论时，路德先用拉丁文，然後用德文发表了一篇很长的陈词。然后他们要求他作一个简单的答覆。他于是总括的说："除非依据圣经的真理证明我的言论有所错误......我不愿意，也不能够改变我的立场。因为要我做出有违良心的事，是既不合宜也不妥当的。这是我的立场，我不能有所更改，愿上帝帮助我，阿们。"

在华尔特堡 — 圣经的翻译

路德因此被除名逐出教会。查理皇帝更颁布一道沃木斯告令，照著反对路德的敌人的草议，禁止任何人帮助或庇护路德。又下令焚烧他所作的一切书刊。若非他的一个好友，萨克森的腓德烈设法营救，路德必受害殉难无疑矣！原来在萨克森的黑森林中有一座荒僻的堡垒，名叫华尔特堡，当路德的马车从沃木斯回来，途经黑林的时候，突然出现一队骑士拦住去路，将路德抢走，把他带到华尔特堡。在那里他被令留长他的胡子，穿上猎人的服装，好叫没有人能认出他来。原来这是公侯腓德烈想出来营救路德的好计划。路德在华尔特堡逗留了十个月，在那里他开始将新约圣经翻译成大众的语言（德文），後来他又将旧约翻译成德文。在1534年，他所翻译的整本德文圣经出刊问世。

激进份子

同时，威登堡成为宗教激进份子的舞台，大堆群众由加尔斯德博士率领，拥进各教堂，肆行捣毁，将圣像、十字架、耶稣被钉之像丢弃，弃除风琴诗歌，满以为如此就可以改革教会。由於罗马教会对基督设立圣餐时所说的"这是我的身体"一词一句持著极端的立场，认为饼已经变成了耶稣的身体（化质论），加尔斯德博士就采纳了另一极端的主张，认为圣饼只是代表耶稣的身体。在德国另有一群激进份子来自萨克森西部的士威高城，被称为"士威高先知"，他们除了想沿著加尔斯德博士的改革路线外，对施洗礼更持错误的立场。认为洗礼不外是加入教会的一种仪式，对赦罪、重生和救恩并无实际的功效。由於他们坚持凡小时受洗的，到成人时一定要重新受洗。所以他们又被称为"重洗派"。路德起初想著文章来改正他们的错误，但未见功效。最後他只得从华尔特堡回来，天天在威登堡讲道达八天之久。由於他的影响，激进份子的狂热稍得平静下来。上帝的真道和普通常理於是被接受。但是这种狂热在德国的其他地方继续蔓延不止，他们的领袖利用德国农民长期饱经逼迫的苦境，煽动他们起来反抗，虽然路德尽力劝导他们，但是不被接受。结果导致所谓农民战争。当时，另有两个宗教改革家也在瑞士掘起，就是瑞士德区的乌理慈运理和瑞士法区的约翰加尔文。他们评击天主教的错误，不遗余力，但和上述人士一样，企图使用激进狂热的方法去达成改革。在圣餐和洗礼上他们基本上也犯了加尔斯堡和士威高先知们的同样错误。最後路德和慈运理在马尔堡举行会议，史称"马尔堡会议"。慈运理坚持主耶稣不可能实体同时在各处举行圣餐，基督的身体并没有真实存在圣餐中，圣餐饼只代表基督的同在，受圣餐的人只能在灵里接受祂。另一方面，路德持有不同的见解，坚持认为当耶稣说："这是我的身体"时，祂分明道出了祂真心要说的，我们岂敢违反祂说的真理呢？结果他们二人在会议中得不著共识，慈运理择误不改。那些受他和加尔文影响的人，後来成立了改革宗的各宗派，一直沿用他们这种主张。

奥斯堡信条

後来路德和一些持相同信仰的人(绰称路德派)觉得需将他们的信仰陈述成文。当他们被召去见国王和罗马教廷代表,陈述他们信仰告白时,他们宣读此信条。这个信条于1530年六月廿五日在奥斯堡被宣读发表。所以被称为奥斯堡信条。而在1529年,路德已经发表了他的圣道小问答,用以帮助教友,尤其是帮助儿童来学习上帝的话语。因为很多人对这道理一无所知。路德也深信教友在崇拜仪式中应有所参与,所以他引进了会众唱诗的崇拜部分。他自己也作过不少圣诗,其中最有名的要算"主是我们的坚固堡垒"。

路德的婚姻和家庭生活

当路德作修道士的时候,他曾发誓愿不结婚。但是後来他发觉教皇禁止修道士和修女结婚,实在是有违圣经教训。他为了以身作则见证教廷的错误,于1525年六月十三日和一位因读了他的作品而改变信仰的修女凯洛琳娜凡波拉女士结婚。她成为路德的贤内助。他们共生了六个儿女:翰斯、以利沙伯、抹大莲、马丁、保罗和玛嘉,抹大莲早亡。路德是一个慈爱专一的父亲,他花了很多时间与子女相处。

路德离世

路德在世的时间不长了,他的健康在最後几年衰退。1546年一月,他受邀到他的出生地爱斯里本主持一个调停会议,他感觉胸口疼痛,他于是走入内室在一张长椅上躺下来,但是仍然胸痛不止。他睡了一小时,醒来後他走进他的卧室向父神祷告说:"我将我的灵魂交在你的手中,你救赎了我,我主真理的上帝啊!"时至午夜,他的心绞痛,再度发病,他自知离世的时候快到了。他就起身再到内室去躺在那长椅上,向上帝说出下面优美的祷告:"我的天父啊,独一的上帝,我们主耶稣基督的父,赐众人安慰的神,我感谢你赐给我你亲爱的儿子耶稣基督。我相信祂,宣扬祂,向祂认罪,爱祂,赞美祂……。亲爱的主耶稣基督,求你让我将灵魂交在你手中。我确信将与你永远同在,也永远没有任何人能使我从你的手中分离……父啊,我将我的灵魂交在你手中。信实的上帝啊,你已经救赎了我。"他又重念一些圣经的经句。四周朋友看他快要离世,约拿博士就趋前向他说:"我们所敬爱的父老啊,你愿至死不渝地坚守基督和你传讲的教训吗?"路德清楚而肯定的回答说:"是,我愿意。"他于是在1546年二月十八日星期四清晨二、三点之间安息主怀,被葬在威登堡的卡苏教堂讲坛旁的一块墓地里。

结语

我们可以对路德宗教改革的伟大事功作以下的结语,他使基督教再回到本来纯洁的真理信息上。路德并不想放弃教会外在的崇拜仪式,他也不想另立一个教会,只希望教会能除净不真的教义。对他来说,教会的重点乃在乎它的信息。最要紧的是这信息一定是要上帝的真理,是完全的真理。他的两大原则就是(1)唯独圣经和(2)唯独恩典----因著相信基督,我们得救。我们向上帝感恩赐给我们这样一个马丁路德的最好方法,就是尽力将救主耶稣的清楚而独特的福音传扬出去。

圣经经卷练习

（根据已故彭奇牧师的建议）

(1) 向全班学生轮流询问圣经各门类的每一卷书名。

(2) 教师说出一卷书，学生要说是属於哪一类（律法、历史、诗歌、先知……）。

(3) 让一位学生说出一卷书，再叫其他学生说出这卷书之前和之後的书卷。

(4) 教师点叫"第一部律法书"，或"第三部历史书"等等。

(5) 和学生做上帝唱片档案的游戏。叫一位学生说出一个"档案"，再叫另一位学生说出从哪一门类可以找著它。向另一位学生要一个"诗歌唱片"（诗篇），或叫一个"演讲唱片"（先知）或一个"律法档案"等等。

(6) 也可玩图书馆管理员的游戏。假设一位学生还回一堆书卷，问这些书卷的名字，再问这些书卷再归入哪一个书架。

(7) 教师说出一个书卷，学生打开他们的圣经找出那卷书，让最先找到的读出那卷书的第一节或其他指定经节。（要学生对此项训练常加练习）

(8) 分队比赛：将学生分成两队，要他们写出书卷名字，写对加分，最后以总分多的一队为胜。

"总会"

基督徒聚集在一起形成会众，不单是为了崇拜，也是为了事工。联合乃是力量。正如一个教会比起个别的基督徒能将主的事工做得更好，更有效果。同样一群教会联起来成立一个总会，也可以在主的事工上做得更好。例如宣道事工上可做得更好。

一个总会的主要工作，就是将福音遍传世界各地并训练牧师和教师，去传扬和教导这福音的信息。路德总会的事工在各地进行，诸如日本、香港、瓜地马拉、新几内亚、菲律宾、印度、巴西、阿根廷、加拿大和非洲。在美国本地，宣教工作也向盲人、聋哑者和不同语文群体进行，也有很多比较小的地方教会，他们没有足够财源来负担一个教师的薪水，他们通常都会得著总会和区会的资助。

总会所做的事工，需要有全盘的计划和监督。因此路德总会每三年召开一次大会，由大会选出总会的执行人员：一位主席、四位副主席、一位秘书、一位司库、董事会和不同的委员会来推动领导大会决议要去完成的事工。

正如美国联邦政府之下有很多州政府，路德总会之下也有不同的区会。每一个区会自行选出理事和委员会去领导推动他们的工作。每个区会每年举行一次年会，但每当总会举行联合大会时，区会那年就停止举行年会。每个地方教会差派牧师和一位平信徒作代表去参加区会的会议。

除了总会所进行的事工之外，各处教会还支持一些散布各地的慈善机构，例如医院、疗养院、养老院、托儿所、社区服务所、和残障服务机构等。

路德信徒同盟，是全国性的男子机构，"主临万邦"广播节目为其一手承办。

在圣路易士的 KFUO 广播电台，以"福音之声"享名，则属路德总会所有。在圣路易士的协同出版社，亦附属於总会，负责发行正式期刊、宗教书籍和主日学教材。在纽约的美国路德公关所负责将路德体系内所做的一切事工藉报纸对外宣传，在印弟安那州的范陪瑞秀(Valparaiso)大学，路德宗内的一个官方认可的大学，著名的电视节目"这是生命"也是路德总会赞助的。

请用祷告和奉献支持路德总会。

圣餐礼拜

仪式的解释

（参阅颂主圣诗619页）

尔温．柯德 著

任何一个节日或主日当中，最主要的崇拜是举行圣餐的那个崇拜。

有时它又被称为"普遍崇拜"，因为它的礼仪程序不单是历代教会所通用的，也是现今那些采用礼拜仪式的教会所通用的。

正如其他美好的崇拜，它包括圣礼和奉献两部分。

圣礼部份是神对我们的供应，而奉献部份是我们奉献给神的。

在崇拜仪式中，每当牧师念到神对我们讲话的时候，例如读经宣告，赦罪和祝福等，牧师要面向会众。而每当牧师念到我们对神说话的部份，例如祈祷、赞美，牧师和会众一齐面向祭坛。

在下面让我们逐段解释圣餐崇拜的仪式。

对三位一体上帝的求告文

奉父、子和圣灵的名，阿们。

这句话道出了整个崇拜的重点。在这个神圣崇拜中所做的一切事都是奉三位一体上帝的名而做的。我们的祷告是向著祂祷告，诗歌颂赞也是对著祂唱。祂是我们崇拜的唯一对象。所读的经文上祂给我们的信息，所讲的道也是从祂的话语中略述出基督徒生活的劝勉，祝福是祂赐恩的话语。任何人进入我们的教会，立即可以知道这是一个基督教的崇拜，因为它是以三位一体上帝的名作开始。

认罪和赦罪

"主内亲爱的弟兄姊妹们！让我们用虔诚的心，在上帝我们天父面前，承认我们的罪，并奉主耶稣基督的名，求祂赦免我们。"（619页）

我们这些可怜必死的人，生来就是有罪和不洁净的（原罪），又在思想、言语、行为上得罪了上帝（本罪），岂不应手洁心清以恭谨的态度来参加这个庄严神圣的崇拜。因此，我们先承认我们的罪过，藉耶稣基督恳求上帝的洪恩。赦罪礼中我们的罪已肯定得著赦免。至此，我们已经做好准备，"登主的山"和"站在祂的圣地"了。

入坛前词

正式的崇拜以"入坛前词"作开始，英文叫做"Introit"，来自拉丁文"祂进来"的意思。

依照古时的习惯，当牧师和诗班进入会堂的时候，他们会唱著一首那日特定的诗篇。每唱完一节，会众接著唱一、二节来应和。但後来从简，只唱所指定的诗篇的主句和会众的启应部分，就成为现今的入坛前词。

入坛前词表现出当日信息的特性。换句话说，当你听到入坛前词时，你应该知道这是一年中的那一个星期。例如当你听到"哈利路亚，他已复活"时，你知道是复活节。每一个礼拜都有它的特别的进殿诗。所以入坛前词是崇拜中配合节期的适当礼仪，是会随著不同的星期而改变。其他的配合节期的部分是：书信、循进诗歌、福音书、应祷文和引祷文。每周不变的崇拜部分称为"固定部分"。

荣耀颂

荣耀颂总是在诗篇之後而和进殿仪式紧连在一起的。采用的由来相当有趣。早期基督教会采用了犹太教的传统圣诗，也就是诗篇颂。但是为了使诗篇颂更符合新约基督教会，崇拜中每当唱完诗篇的部分就紧接著唱荣耀颂，因此我们也可以了解为什么荣耀颂总是用在进殿诗之後，因为进殿诗一般都是出自诗篇，荣耀颂是颂赞三位一体真神的短诗。

求主怜悯文

希腊文"Kyrie"就是主的意思（太15:22）。有这麽一个希腊字在普世教会的崇拜仪式中是合宜的，在我们的崇拜中有拉丁字，也有英文字和希伯来文字，例阿们和散那、哈利路亚。

这是一个三次向三位一体真神呼求怜悯的祷告。在主後三世纪已被采用，这不是在认罪，而是承认我们对上帝的基本需要。我们的人生像是一个谜，很多错综复杂和出人意外的事情发生，也充满了头痛、身痛和心痛、罪恶、苦难忧愁、生死离别、失落交错、严寒酷暑、风暴洪水、饥饿、乾渴、灾难和死亡----上帝啊，求你施怜悯给我们。没有你的同在，我们就会像是失落了的小孩，孤苦伶丁。我们渴望有安全的庇护，除了你又可从何处可以得著呢？主啊，怜悯我们。

最高的荣耀 荣耀主颂

是的，上帝已向我们施下怜悯。祂已将一切生命总归合一，过去、未来直到永恒。祂差遣了祂的爱子。我们现在已明白我们属谁。我们有救恩，天使的声音发自天际，响应的呼声出自我们的心灵。"在至高之处荣耀归於上帝，在地的平安喜悦归与人。"

这个天使的颂赞可算是基督教礼拜仪式中最古老的部份之一。早在主後126年已被采用。"我们赞美你"是第四世纪才加上去的。

问安词和集祷文

（士6:12；得2:4；提後4:22）

集祷文是一篇短祷文，用以回应所读的书信和福音书经文，或者集合会众向上帝的呼求，将之归纳成一句祷告词。例如，我们可以为和平、为教会、为政府、为洁净等等作出集祷文。我们现今所用的集祷文的来源，已有几百年的历史了。

在集祷文之先有问安词。问安词是什么意思呢？当牧师和会众都准备祈祷，即将在主里领受圣餐之前，他们祝福彼此在圣餐中得福份，牧师说："愿主与你们同在。"会众等於在回说："在我们同时进入上帝面前时，愿主与你心灵同在。"

读经

每一个主日，都会选读一些书信和福音的经文，所选的经文是和当日的主题相配合的。整个崇拜是一致性的。这些选读经文合起来形成一个"涵盖系统"。这种标准系统已被沿用千年以上。这样的一个系统有很多好处，因为它不单使信徒可以熟习特定的经文段落，同时，让他们对基督教的基本教义得到一个平衡的认识。

读书信的时候会众可以坐著，因为当一个人受教的时候，普通都是坐著的。但是读福音书时，会众要站起来，以表示对基督的尊敬。祂是万王之王，祂活是为传福音，祂死是叫我们因此有福音可传。

信经

尼西亚信经一直被沿用於主要的崇拜聚会中，而使徒信经多被用於洗礼和次要聚会中。尼西亚信经强调基督是"出於上帝而为上帝，出於光而为光，出於真神而为真神"的事实。祂是上帝的独生子，祂是永恒的道。请停下来想一想：道成了肉身，住在我们中间。我们以敬虔的心低头或屈膝念著"因圣灵从童女马利亚成了肉身而为人。"我们对这个神圣的奥秘致敬，上帝的儿子降生成人，同时也是圣子神。

如果在胸前手划十字架，可以帮助你产生敬虔的心，你可以在念"来世的永生"的时候划十字架。华尔克提出："作十字架手势可说是信经简洁地用行动表示出来。首先它代表我们对三位一体真神的信仰宣告，明白我们可以藉著基督的十字架通到祂的面前。"作出十字架手势象徵了我们主耶稣基督从天降世为人，道成了肉身，为我被钉在十字架，又进入我的心中。

讲道

神话语的讲解和应用可算是崇拜中的两个高潮其中之一。另外的一个高潮就是领圣餐。讲道可以说是"可以听见的道。"而圣餐是"可以看见的道。"我们千万不要低估讲道在崇拜中的重要性。

讲道可以在入坛前词之先，这样做可以使崇拜仪式不至於中断。若把讲道放在中间，则使崇拜仪式中有一个休止间歇。讲道是一个高潮，让我们期盼领受圣餐，而圣餐是圣道的实际印证。

讲道可用腓立比书四章七节作结："愿神所赐出人意外的平安，在耶稣基督里，保守你们的心怀意念。"

奉献文

在使徒时代，当信徒每日相聚举行爱筵和领圣餐时，富有的会友会带著食物进来，主要是饼和酒，来与贫穷的会友分享。其中的一部分饼和酒，被分别为圣，留作圣餐之用。

在第二世纪前半期，圣餐崇拜被改在早上举行，但带著食物和酒来的老习惯还被保存。这些礼物被称为"奉献"。在中古时代，信徒多用金钱作为奉献的礼物（时至今天，有些教会仍使用缚在一根长杆上的奉献袋，这个奉献袋是早期教会用以装载奉献食物的大布袋的缩影。）

奉献时我们向上帝献上的是以"破碎的心灵为祭"，并用我们的嘴唇、心灵和手（来收集奉献），献上我们的赞美和感谢！

普通祷告

在提前二章，那里说我们要"为万人恳求、祷告，代求和祝谢。"我们在普通祷告中要作这事。

顺便一问，你知道有多少篇普通祷告文吗？参考你的祷告书，可以在你的圣诗末端寻阅。

引祷文

现在我们已接近参与极大奥秘的圣餐时刻，接下来的仪式吸引了我们的注意力，因此我们再一次问安和两个最古老的短祷文，叫做荣耀颂和感谢，跟著的就是祝谢祷告。由普通和特有引祷文两部份所组成，後者随著教会年的不同时节而有所改变。"Eucharist圣餐礼"原文就是祝谢的意思，就如主基督被卖的那夜，用祂的身体和血设立圣餐的时候祝谢一样，所以在这些祷告中，我们说"主啊，圣洁的父，全能永在的上帝"，以感谢和赞美的心声一齐说："所以我们同著天使，天使长和众天军，高声颂扬你荣耀的名；时时赞美你，并说：

圣哉颂（二圣颂）

"圣哉，圣哉，圣哉，赐安息的主上帝。"天上地下，同声赞美。天使绕著白色大宝座唱著三呼圣哉颂（赛6:3）地下祂的儿女响应向主基督唱"赞美祂"。所以整首诗和著天使并人的歌声，是一首颂赞基督是神的圣诗（约12:41）。当我们期待地想著那荣耀的事实就是天地的王，我们所敬爱的救主，将要再临到我们中间显现的时候，我们欢呼的心不禁雀跃了。

主祷文

这是荣耀的主亲自教我们的祷告。放在圣餐设立文之前，作为圣门徒领受来自天上的圣餐的准备，共念主祷文，可以使信徒心灵上感觉到上帝已接纳我们成为她的儿女，现在来到主的面前已成为同一个身体的各肢体了。

设立圣餐文

牧师开始念设立圣餐文："这些话语教导圣餐的意义存在，用途和益处并圣餐的设立，藉著这些取自圣经的话语，放在祭坛上的饼和酒被分别为圣，成为圣礼，与普通的饮食有所分别。"（奇雷兹曼）

主的平安　上帝羔羊

牧师转向会众说："愿上帝的平安与你们同在，直到永远！"这不也是复活主向门徒显现时所用的头一句问候话吗？平安！人最切慕的是什么？就是平安。与神和好的平安、心中的平安、心灵的平安、良心的平安、没有对罪恶有恐惧的平安、没有对死亡和死后审判有恐惧的平安，我的心灵啊，神的羔羊，已带来平安。袖已除去世人的罪孽。"赐我们平安"，是的，我们在圣餐中找到了平安。

发圣餐

带著敬虔的心，会众来到主圣餐前，领受在饼和酒中耶稣的真身体和宝血。以众星作门钮的天门大开，信徒经历了登上高峰尖顶的感受。

让我们祷告，啊主耶稣基督，你用你的圣体喂养我们，领我饮你的宝血，你所受的痛苦和死亡坚固了我。啊主耶稣基督，求你垂听我！将我隐藏在你的伤痕中，不要让任何事物使我与你分离，对著那恶者保护我，在真信中保守我，让我能与众圣徒一齐赞美颂扬你，从今时直到永远。阿们。

圣餐後语

当我们唱西面颂时，平安的音调重弹，这是那年老的西面在圣殿手抱著圣婴时所说的话。我们的心充满感激，感谢基督的慈爱和怜悯赐给我们属天的筵席，也赐给我们平安。"啊，你们要感谢主。"是的，我们要说出感恩的祷告："全能的主啊，我们要向你感恩。"我们也呼求袖坚固我们对袖的信心和彼此相爱的心。不觉已到了回家的时候了吗？不，我们真不想离开这个甜蜜而平安的地方。就是要离开，我们也要再说一声感谢，"赞美我们的主。""感谢上帝" — 感谢袖的道和圣餐并一切的供应。

至此我们接受祝福。进入我们耳朵的最後一个字仍是 — 平安。

> 此後应该再没有任何
> 诗歌或声音
> 只有信徒……
> 从崇拜聚会出来的
> 脚步声……
> 要行出上帝的旨意。

图案的象徵

(莱宁格牧师 著)

　　曾经有人真诚地说，教会最高和最真诚的喜乐不是在於外表式的实行，真正最基本的乃是福音。这是金玉良言，无论在那种状况它的价值都应该先受到肯定。然而，我们可以将它镶嵌起来。

　　多半会友对图案认识很少或一无所知，作者有鉴於此，希望这篇文章能帮助将来领受圣餐的会友和接受坚信训练的青年男女认识一些基督教的图案，不至毫无所知，进而能欣赏这些精巧而有活力的艺术。

　　在这里我们无法研究所有的图案，为了使大众有兴趣以冀获得一定的效果，我们只选一些普通的和一些比较容易了解的图案，作为我们研究的对象。

　　既如此，就让我们首先来看一些不同的十字架图案，因为要对基督教图案有任何了解，研究十字架是不可或缺的。

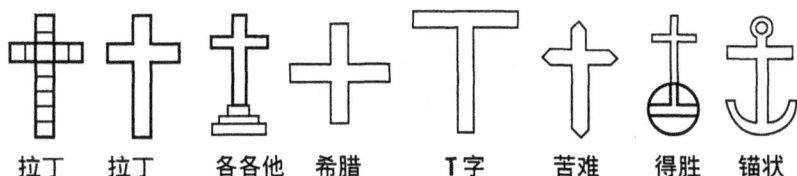

拉丁　　拉丁　　各各他　希腊　　T字　　苦难　　得胜　　锚状

　　拉丁十字架：荣耀的救主是被钉死在一个属於这一类的十字架，又叫做"简单十字架"。如果加上出自中心的直线光圈，就变成"复活十字架"，象徵战胜死亡。如上图的简单十字架，象徵救赎，若果加上基督的身体，就象徵祂的苦难，叫做十架苦像。

　　(Calvay)各各他十字架：　是将一个拉丁十字架放在三级的石阶上，代表信望爱。

　　希腊十字架：四面等长，这种十字架常常在石造祭坛上可以看到，如果祭坛桌上有五个这样的十字架作为装饰，则每个桌角有一个十字架，桌的中央白色亚麻布上也会放一个十字架，代表基督的五个钉痕。

　　T字十字架：据传统，圣安东尼是被钉死在这样的一个十字架上，和基督一同被钉死的两个强盗，也是用这种十字架，又叫做预知十字架。据说摩西时代的铜蛇也是被挂在这样的一个十字架上。

　　苦难十字架：十字架的末端都是尖的。如果这样的一个十字是在一个酒杯上，它代表客西马尼园的悲苦。

　　得胜的十字架：一个十字架立在地球上，代表基督胜过这个世界。

　　锚状十字架：是一个拉丁十字架和一个锚头的组合，代表基督徒的盼望。

上帝的手　　　上帝的手
西方教会　　　希腊教会　　　祝福的手　　　义人的心　　　鉴察万
　　　　　　　　　　　　　　　　　　　　　　　　　　　　　有的眼

创造者之星

现在让我们来看看代表父、子、圣灵，三位一体真神的图案。

圣父：基督教会一向避免以人形图案代表圣父。数百年来，以一只从云彩中伸出来的手成为父上帝的代表图案。

第一图案西方教会常采用。图中有三只伸出的手指，代表三位一体真神。

第二图案非常特别，在希腊教会中普遍地采用，注意手指的姿势，摆出了 Ic XC 的字形，这自古已代表在希腊文简写耶稣基督的名字。图案中的手代表父神，祂藉著儿子耶稣基督赐福给世人

第三图案代表上帝赐福的手，而在第四个图案中，上帝的手握住五个人。故事的背景来自诗篇 139:10，代表上帝照顾人类，尤其是人的灵魂。

第五个图案是鉴察万有的眼，三角形代表三位一体神，眼神严厉，发出三道光芒。

最后一个图案叫做创造者之星，在不同时期的基督教艺术中相当普遍，可以在很多描绘创造宇宙万物的图画上看见这样的星。

上帝的羔羊　　上帝的羔羊　　舍己的鹈鹕　　　　鱼　　　　好牧人

阿拉法和俄梅戛

圣子：代表我们救主的图案有很多，我们下面介绍一些例子，作为参考。

上帝的羔羊：用羔羊代表救主，自古至今，一直常被采用。得胜的羔羊的前右脚拿著一支修长的十字架，上面连著一面白色旌旗，旗上又有一个红十字架，名为"得胜的旌旗。"羊头上一定要加上一个三线的光圈才有意义。在第二图案中，羔羊坐在一本有七印的书卷上，就是使徒约翰在启示录所提及的带有七印的书。

舍己的鹈鹕：这图案示出一个鹈鹕在啄咬自己的胸，吸取自己的血以喂雏鸟。代表基督为我们流出了宝血。

鱼：早期基督徒中有一句希腊文的措辞，就是"耶稣基督上帝的儿子救世主。"当教会遭受逼迫的年日，他们将这个句子中的每一个字取其头一个字母简写成 ι χ θ r c，这字在希腊文是鱼的意思。

好牧人：这是众所周知常被采用的图案，来自基督自己的话："我是好牧人。"

阿拉法、俄梅戛：这是希腊字母表中的第一个和最后一个字母，等于英文的 A 和 Z。参看启示录1:8，通常和其他图案连拼合用，在此图案中，希腊字母（X）（念"开"）和（p）（念"罗"）被加上，代表希腊文基督的简写。

葡萄树：也是一个普遍被采用的图案，引自约翰福音15:1基督的话。

腊烛：提示了基督的话"我是世界的光。"在圣餐礼仪中，当祭坛上的两支腊烛点燃的时候，是代表蒙恩之道 — 上帝的话和圣餐。

1. 白鸽

2. 七个火焰

圣灵。　三位一体上帝的第三位格通常是用一只雪白的鸽子，从天而降，在头上总是要有一个三线的光轮。这是圣灵特有的图案。

七个火焰：　圣灵也可以用排成盾牌状的七个舌状的火焰来代表。七个鸽子，或是七个火焰代表圣灵的七个恩赐：智慧、聪明、谋略、大能、知识敬虔和敬畏。

3. 三角

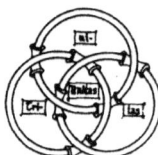

4. 三圆圈交织

5. 三角和圆圈交织

6. 两个三角交织

7. 三圆圈交织

三位一体真神：

三角形是代表三位一体的最简单图案（图案三）。这个三角形又可与一个圆圈交织在一起（图五），表示永恒。

两个相交织的三角形也常见（图六）。注意不可将这个图案与所谓大卫的盾牌相混。这些交织的三角形也可以再和一个圆圈交织。圆圈：　图四和图七是代表三位一体上帝的两个美丽图案。三个圆圈交错显示出圣三位的合一，每位格的永恒，和有三个位格的上帝。

8 三一盾

9 三鱼交错

三位一体盾牌：这个图案是根据亚他那修信经所说："父不是子，父不是圣灵，圣灵也不是子，但是每一位格都是上帝。"

三鱼：我们记得一条鱼是代表基督。但其实父子圣灵同是人类救赎的缘由，所以用三鱼交错的图案来代表三位一体上帝的每一位格都参与拯救因罪恶被咒诅的世界。

救主的苦难

1. 苦杯与十架

2. 灯

3. 钱袋和
三十两银子

4. 柱石和鞭

5. 荆棘冠冕

6. 壶与洗盆

7. 五个钉痕

8. 梯子和
芦苇海绵

9. 无缝口内衣
与三个骰子

10. 透心的刺枪

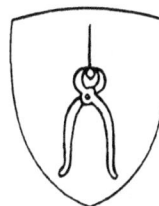

11. 拔钉钳

12. 盛没药沉香瓶子

救主受难图案

　　代表救主苦难的图案特别有趣，所以我们要花一点时间来讨论。代表救主受难的图案共约有三十个。代表客西马尼园的苦杯（图一），代表耶稣被出卖的有七个：罗马兵丁的灯笼（图二）；犹太奴仆的火把，剑和杖交错，钱袋和三十两银子（图三），出卖的吻。彼得的剑和耳朵；用来绑耶稣的绳子。

　　耶稣的受审和定罪可用耶稣被绑的石柱和鞭苔来代表（图四）；两条鞭交错，鲜红的枪和芦苇；荆棘冠冕（图五）；彼拉多所用的水壶和洗盆（图六）；兵丁用以打耶稣的芦杖；啼叫的公鸡。

175

钉十字架本身可用以下的图案作代表：拉丁十字架；五个伤痕（图七）；写著 I.N.R.I. 的牌子、有芦苇的梯子和海绵交错（图八）、锥头和三四根钉子，盛醋和胆汁的瓶子，没有缝口的内衣和三个骰子（图九）。

埋葬有下列的图案：被枪刺透的心（图十）；梯子和卷曲的裹尸布；拔钉子的钳子（图十一）；带有钉子或钉痕的空十字架；尼哥底母用来盛没药和沉香的瓶子（图十二）；细麻布寿衣；石凿的坟墓。

教会建筑和职任

1). 楼塔：如城堡般的墙代表力量。

2). 大门：表示上帝的邀请，"来，一切都已预备好了。"

3). 三个拱形门代表三位一体的上帝。

4). 中间的走道是恩典之道，透过基督的作为，一直通到上帝施恩宝座前。

5). 教会建筑形成一个十字形是基督教的表徵。

6). 教会建筑中的风琴是用来带领唱诗歌和进行礼拜仪式，并非用来做娱乐用途的。

7). 圣坛并非是献祭的圣坛，但却是庆祝主的圣餐的桌子。

8). 讲坛设在会众前面，但仍是在会众当中。因为站在讲坛上的牧师是见证赐给圣徒的信心的见证人。

9). 洗礼盒通常是放在教堂东侧半圆室的入口或圣坛中，因为小孩是经由洗礼而加入圣徒一体中。

10). 教堂东侧半圆室比教堂本堂要高，但所有的人都可以到这个地方来，因为所有的信徒都可白白地得到上帝的怜悯。

11). 帷幔：通常用手工做成的，用配合教会节期的经句来装饰圣坛。通常有五种颜色：白、红、绿、紫和黑。白色帷幔是用在我们的主的重大节庆。绿色是三一节时用的，在三一节主日后的第二个星期日到降临期前的星期六为止。红色是用於五旬节及使徒节日和改革日。紫色是属降临期和受难期。黑色是用在受难日。

总言之，再强调一次，本文对教会图案的象徵的说明并不完整。倘若有兴趣再继续对这主题学习，我们建议你查看圣经中提到的动物、鸟类、花朵和植物的图案。另外你也可以研究四位福音书作者、基督的事工、和一些综合的图案。请参阅：教会图案象徵、韦伯牧师著（克里福兰：詹森出版社，1938 年）

Church Symbolism by Rev. F.R. Webber (Cleveland: J.H. Jansen, 1938)

六大要道

要道一：十诫

(1) 除了我以外你不可有别的神。

我们应当敬畏，亲爱倚赖上帝过於万物。

(2) 你不可妄称你主上帝的名。

我们应当敬畏，亲爱上帝。
因此就不指著他的名咒诅、起誓、行巫术、说谎、哄骗，
但在一切患难中要呼吁祂的名，
向祂祷告、颂赞、感谢。

(3) 你当守安息日为圣日

我们应当敬畏亲爱上帝，
因此就不轻看他的道和传道的事。
但要尊祂的道为圣，
并乐意，敬听学习。

(4) 你当孝敬父母，使你得福，在世长寿。

我们应当敬畏亲爱上帝。
因此就不藐视我们的父母和尊长，也不惹他们发怒，
但要尊荣、服事、顺从、亲爱、尊重他们。

(5) 你不可杀人

我们应当敬畏亲爱上帝，因此就不损害人的身体，
也不伤人的心，
但在一切属身体的需要上，扶持照顾他。

(6) 你不可奸淫

我们应当敬畏亲爱上帝，
因此言语行为就要贞洁谨守，夫妻彼此相爱尊重。

(7) 你不可偷盗

> 我们应当敬畏亲爱上帝，
> 因此就不窃取他人的财物，也不用假货或欺骗得来，
> 但要帮助他的财产和营业得以增进保存。

(8) 你不可作假见证陷害人

> 我们应当敬畏亲爱上帝，
> 因此就不用诡诈说人的谎话，
> 泄漏秘事，背地毁谤，或损坏名誉。
> 但要为他辩护，表扬他的长处，
> 并用善意解释一切的事。

(9) 你不可贪恋人的房屋

> 我们应当敬畏亲爱上帝，
> 因此就不用诡诈图谋人的遗产或房屋，
> 也不冒充有理，据为己有，
> 但要扶助他保守不失。

(10) 你不可贪恋人的妻子、仆婢、牲畜、并他一切所有

> 我们应当敬畏亲爱上帝，
> 因此就不离间、勾引、强夺人的妻子、仆婢或牲畜等，
> 但要劝勉他们，安份守己，行其所当行的。

十诫的总结

关於这一切诫命，上帝在说什么呢？

上帝这样说，我是你的上帝，是忌邪的上帝。恨我的，我必追讨他的罪，自父及子，直至三四代。爱我守我诫命的，我必向他发慈爱，直到千代。

这又是什么意思？

意思就是上帝警戒，责罚一切犯祂诫命的人。因此我们当惧怕祂的烈怒，不违背这些诫命。但是祂应许将恩典和诸般福气，赐给一切遵守这些诫命的人，所以我们应当亲爱依赖祂，甘心乐意遵行祂的诫命。

要道二： 使徒信经

第一段

论创造

我信上帝，全能的父，创造天地的主。

这是什么意思？

我相信上帝造我和万物，赐我身体灵魂、耳目、百体、
　　理性和五官的一切功能，并且藉著祂的保守得以存留；
　　又赐我衣履、饮食、屋宇、妻子、儿女、田地、牲畜、
　　和一切的财物，为了使我的身体和生命存留，
　　每日用丰富的供应，赐我一切所需。
无论有什么危险凶恶，祂庇护保佑我；
　　这一切都是出於上帝，我们父神的慈爱和怜悯，
并不是因为我有什么功劳或配得，
　　为这一切的事我应当感谢、颂扬、事奉、顺服他，
这话是确实无误，可信的。

第二段

救赎

我信耶稣基督，上帝的独生子，我们的主。
　　因著圣灵成孕，从童女马利亚所生，
　　在本丢拉多手下遇难，
　　被钉在十字架上，死了，葬了，下到地狱。

　　第三天从死人里复活，
　　後升天，
　　坐在无所不能的父上帝的右边，
　　将来必从那里降临，审判活人死人。

这是什么意思？

我信耶稣基督是我的主，
就是从天父自永远所生的真神，
从童女马利亚所生的真人。

他救赎我这失丧被定罪的人，
从诸般罪恶、死亡、和魔鬼的权柄中买赎我，获得我，
不是用金银，乃是用他的圣宝血，
和无辜的苦难、死亡，为要使我属於祂，
在祂的国度管理下活著，
并永远的在公义无罪和福份中服事祂。

正如祂从死里复活永远活著掌权，这话是确实可信的。

第三段

成圣

我信圣灵，
　　　一圣基督教会，圣徒一体，
　　　罪得赦免，肉身复活，
　　　　　　并且永生，阿们。

这是什么意思？

我信我不能藉自己的理性或力量来信靠我主耶稣基督，
也不会亲近祂，
乃是圣灵用福音宣召我，
用恩赐照亮我，
使我在真信里成圣而得保存。

正如祂宣召聚集世上全基督教会，
并光照他，使他成圣，
保守他在独一的真信里与耶稣基督联合；
　　　在这基督教里圣灵每日多多的赦免我和众信徒一切的罪，
到末日叫我和凡死了的人都复活，
又赐永生给我和一切在基督里的信徒。

这话是实在可信的。

要道三： 主祷文

我们在天上的父，愿人都尊你的名为圣，愿你的国降临，愿你的旨意行在地上，如同行在天上。我们日用的饮食，今日赐给我们，免我们的债，如同我们免了人的债。不叫我们遇试探，救我们脱离凶恶，因为国度、权柄、荣耀、全是你的，直到永远，阿们。

称呼
我们在天上的父。

这是什么意思？

上帝用这话仁慈地邀请我们信祂为我们的真父，
我们是祂的真儿女。
我们就可以放胆无疑的向祂祷告，
如同亲爱的儿女呼求他亲爱的父亲一样。

求告

(1) 第一求告：愿人都尊你的名为圣。

这是什么意思？

上帝的名，原本是圣。
但我们在这祷告中，求祂的名在我们中间，也被尊为圣。

这怎样成就呢？

就是将上帝的道纯真地教导人，
并且我们作上帝儿女的也遵行祂的真道，圣洁为人。
求亲爱的天父帮助我们如此成就，若有人的教训和行为不合乎上帝的真道，那就是在我们中间亵渎了上帝的名。
关於这事，求天父保守我们不犯。

(2) 第二求告：愿你的国降临。

这是什么意思？

上帝的国确实会自己降临，并不在乎我们的祷告。
但我们藉著这个祷告，乃是求祂的国也降临在我们中间。

这怎样成就呢？

就是天父赐祂的圣灵给我们，
叫我们藉著祂的恩惠相信祂的圣道，
今生来世都敬虔度日为人。

(3) 第三求告：愿你的旨意行在地上，如同行在天上。

这是什么意思？

上帝善良而恩慈的旨意会成就，并不在乎我们的祷告。
　　　但我们藉这祷告，
乃是求祂的旨意也成就在我们中间。

这怎样成就呢？

上帝阻挡并消除那些不愿我们尊祂的名为圣，
　　　　　和那些不愿祂的国降临的凶恶、计谋和意志；
　　　　就是魔鬼、世界和我们肉体的意志；
　　　　　却要坚固保守我们在祂的真道里坚信不移，至死不变。
这就是祂善良而恩慈的旨意。

(4) 第四求告：我们日用的饮食，今日赐给我们。

这是什么意思？

上帝每日赐给我们饮食，
　　　　　也赐给一切的恶人，
　　　并不在乎我们的祷告。
但我们藉这祷告，求上帝引导我们明白这事，
　　　并用感谢的心领受我们日用的饮食。

日用的饮食是什么？

就是凡属於供给身体所需要的一切，
如饮食、衣服、鞋子、屋子、田地、金钱、牲畜、财物、敬虔的
配偶、敬虔的儿女、敬虔的仆婢、敬虔忠实的统治者、良善的政
府、风调雨顺、平安、健康、纪律、名誉、良善的朋友、忠信的
邻居等。

(5) 第五求告：免我们的债，如同我们免了人的债。

这是什么意思？

我们藉著这祷告，
　　　　　求天父不要察看我们的罪，
　　　也不要因为我们的罪拒绝这些祈求。
因为我们所祈求的，
　　　　　我们一件也不配领受，

更不是因我们的功劳有所当得。

乃是求祂的恩典将这一切赐给我们，

因为我们日日犯罪甚多，

本来实在当受刑罚。

因此我们也要甘心赦免并乐意善待凡得罪我们的人。

(6) 第六求告：不叫我们遇见试探。

这是什么意思？

上帝原不探试人，

但我们藉这祷告求上帝庇护保守我们，

免得魔鬼、世界和我们的肉体，引诱迷惑我们，陷入误信、绝望，

和别种大羞辱与恶里。

虽然我们被他攻击，至终我们会克服敌人获得胜利。

(7) 第七求告：救我们脱离凶恶。

这是甚麽意思？

我们藉这祷告，作为一切祷告的总结，

求天父拯救我们脱离身体、灵魂、财产、名誉各样的损害，

到我临终的时候，赐我们善终，

并且施恩让我们离开这悲惨的幽谷，

被接到祂所在的天堂里。

结语

因为国度、权柄、荣耀，全是你的，

直到永远，阿们。

这是什么意思？

就是要我们确实知道，

这些祷告是天父所悦纳听允的：

因为祂曾亲自吩咐我们这样祷告，

并且应许要垂听应允我们，

"阿们，阿们"，意思就是说"是的，是的。"必要如此成就。

要道四：圣洗礼

1. 洗礼的性质

洗礼是什么？

洗礼不单是用一般的水，
　　　乃是水包含在上帝的命令中，
　　　　　与上帝的道联合。

上帝的道是什么？

我们的主基督在马太福音末章说：
　　　"你们要去使万民作我的门徒，
　　　　　奉父子圣灵的名，给他们施洗。"

2. 洗礼的益处

洗礼何用？有什么益处呢？

洗礼使罪得赦，
　　　救人脱离死亡和魔鬼，
　　　　　　又赐永福给一切相信的人，
　　　正如上帝的道和应许所说明的一样。

这里所指的上帝的道和应许是什么？

我们的主基督在马可福音末章说：
"信而受洗的必然得救，不信的必被定罪。"

3. 洗礼的能力

水怎能行这样大的事呢？

水本身当然不能行这样大的事，
　　　　　行这大事的乃是上帝的道在水中与水联合并信心，
　　　就是信靠在水里上帝的道，因为没有上帝的道与水联合，
这水就是一般的水，不是洗礼。
若有上帝的道与水联合，才是洗礼。
这就是鸿恩生命的水，和圣灵重生的洗。
如圣保罗在提多书第三章说："藉著重生的洗和圣灵的更新，圣灵就是上帝藉著耶稣基督我们的救主，厚厚浇灌在我们身上的，好叫我们因祂的恩典得称为义，可以凭著这永生的盼望，成为後嗣。"这话是忠实可信的。

4. 洗礼的表现

用水这样施洗表明什么？

表明我们里面的老亚当连同一切罪恶和私欲，
　　　　应当藉每日的伤痛悔改而被淹而死，
并且每日活出显出一个新造的人，
　　　　永远在公义、清洁里活在上帝的面前。

这道在何处有记载呢？

圣保罗在罗马人书第六章说：
　　　　"我们藉著洗礼归入死，和基督一同埋葬，
原是叫我们一举一动有新生的样式。
像基督藉父的荣耀，从死里复活一样。"

要道五：论钥匙职及认罪礼

钥匙职是什么？

是教会的特权，
　　　　就是基督赐给祂地上教会的，
为要赦免懊悔者的罪，
　　　　却留下不懊悔者的罪，直到他们悔改。

这道何处有记载呢？

传福音的使徒约翰在他的福音书廿章记载说：
　　　　"主耶稣向他们门徒吹一口气说：**你们受圣灵，你们赦免谁的罪**，
谁的罪就赦免了。你们留下谁的罪，谁的罪就留下了。"

根据这些话你相信什么？

　　　　　　　　我相信奉召为基督的执事（牧师），
　　　　　　　按著基督的神圣命令对我们所行的一切事，
　　　特别是将那些显然不悔改的罪人逐出基督教会，
　　　　　　　　并赦免那些懊悔愿意为善者的罪，
　　　这些事在天堂也是确定而有效的，
正如我们亲爱的主基督亲自对我们所行的一样。

认罪和解罪

认罪礼是什么？

认罪礼包含两部分：

> 我们承认罪是其一，
> 　　　其二是我们接受赦罪（通常是牧师）的赦罪，
> 正如来自上帝自己一样，
> 　　　断不可疑惑，
> 只要坚信我们的罪藉著这礼在上帝面前得蒙赦免。

我们应当承认哪些罪？

> 在上帝面前当承认一切一的罪，
> 　　　连自己不知道的罪也要承认，
> 像我们在主祷文中所说的；
> 　　　但在赦罪面前只要承认我们心里所知觉的罪。

这些罪是什么呢？

> 你要按著十诫看你的地位如何？
> 　　　或为父亲、母亲、儿子、女儿、主人、主妇、仆役；
> 　　　　　你是否不孝、不忠、不勤，
> 　　　你是否用言语行为得罪了人；
> 你是否偷窃、疏忽、浪费、或行了别种损害的事。

要道六：圣餐礼

圣餐礼是什么？

是我们主耶基督的真身体和血；
藉著饼和酒，
赐给我们基督徒吃与喝，
为基督亲自所设立的。

这道理记载在哪里？

传福音的圣马太、马可、路加和保罗都曾写说：
"我主耶稣基督被卖那一夜，拿起饼来，祝谢了，擘开，递给门徒说，
你们拿著吃，这是我的身体，为你们舍的，你们应当如此行，
为的是纪念我。
饭後也照样拿起杯来，祝谢了，递给他们说，你们都喝这个，这杯是
用我的血所立的新约，就是为你们流出来的，使罪得赦。
你们每逢喝的时候，要如此行，为的是纪念我。"

领受圣餐这样吃喝有什么益处呢？

从 "为你们舍的，为你们流出来的，使罪得赦。"
这些话，便指示我们了。
领受圣餐的益处，就是在圣餐礼中，藉著这些话，罪得赦免，
生命和永福都赐给我们了。
因为那里有罪得赦免，那里也就有了生命和永福。

属肉体的吃喝怎能行这样的大事呢？

自然不是属肉体的吃喝行了这大事，惟独所记的话 "为你们舍的，
为你们流出来的，使罪得赦。" 这些话才能行大事。
除了属肉体的吃喝之外，这些话在圣餐礼中也是最要紧的。
凡相信这些话所申说明的，也就得著了罪的赦免。

这样谁配领受这圣餐礼呢？

禁食和整饬仪容本身是外表的好行为，但惟有相信 "为你们舍的，
为你们流出来的，使罪得赦" 的话，才是好预备和真配
领受的。
但是那些不信或疑惑这话的，就是未作准备也不配领受的，
因为 "为你们" 三个字是要所有领受的人齐心相信的。

www.ingramcontent.com/pod-product-compliance
Lightning Source LLC
Chambersburg PA
CBHW072005090426
42740CB00011B/2091

* 9 7 8 0 7 5 8 6 5 7 5 5 8 *